소니 턴어라운드

소니 턴어라운드

히라이 가즈오 지음
박상준 옮김

기업 존망 위기에서
창사 이후 최대 실적으로

어라운드

SONY TURNAROUND

알키

경제경영 서적이 아니라 한 편의 기업 드라마를 보는 기분이었다. 책의 절반인 3장까지 번역했을 때, 직장 초년생인 20대 아들에게 원고를 건네며 꼭 읽어 보라고 했다. 4장, 5장 넘어가면서 내 가슴이 뛰었다. 아마 독자의 가슴도 뛰게 할 것이다. 이 책은 21세기 일본에서 가장 성공한 기업인의 얘기지만 기업인만을 위한 책이 아니다. 조직에서 좋은 리더로, 팔로워로 인정받고 싶고, 그러면서도 지금보다 더 성장하고 싶은 모든 사람을 위한 책이다.

아버지의 잦은 전근으로 미국과 일본에서 이방인의 삶을 살아야 했던 소년, 자동차와 디스코에 빠져 있던 대학생, 아무런 야심 없이 소니의 작은 계열사에서 직장 생활을 시작하고, 직장보다는 가정이, 출세보다는 휴일이 더 소중했던 직장인.

그런 그가 처음에는 미국의 작은 자회사인 소니컴퓨터엔터테인먼트아메리카SCEA, Sony computer Entertainment America를 재건했고, 다음에는 소니의 핵심 계열사로 성장했지만 이후 절체절명의 위기에 빠지게 된 소니컴퓨터엔터테인먼트SCE, Sony computer Entertainment를 살렸고, 마지막에는 상장 후 처음으로 배당금을 주지 못해 생사마저 불투명하던 소니그룹의 부활을 진두지휘하는 CEO가 되었다. 그의 리더십 아래서 소니는 창사 이래 최고의 영업이익을 갱신했다.

최고경영자 자리는 꿈도 꾸지 않았던 신입 사원은 어떤 사람을 만나고 그들에게서 무엇을 배웠고 어떻게 성장했으며 어떤 철학과 비전, 그리고 실력으로 21세기 일본 최고의 경영자가 되었을까? 그는 연속 적자이던 소니에서 어떻게 흑자 전환을 이루어 냈고, 소니의 현재뿐 아니라 미래를 위해 어떤 구상을 세우고 또 추진했을까? 그의 솔직한 경험담은 같은 시기 한국에 사는 기업인, 직장인, 청년, 대학생에게도 영감을 줄 것이라 확신한다.

박상준(와세다대 국제학술원 교수)

"어떻게 소니를 부활시키셨습니까?"

최고경영자에서 물러난 지 3년 정도 지났지만 지금도 이런 질문을 많이 받습니다.

사업의 '선택과 집중'이나 상품 전략의 재검토, 혹은 비용 구조의 개혁…. 미디어에서는 다양한 분석을 내놓고 있습니다.

어떤 말이든 틀린 것은 아니지만, 저는 핵심은 거기에 있지 않다고 생각합니다.

자신감을 잃고 그래서 실력을 발휘하지 못하게 된 사원들의 가슴 깊은 곳에 숨겨진 '열정의 마그마'를 터뜨리고, 팀으로서의 역량을 최대한 끌어내는 것.

어떤 의미에서는 리더의 기본이라고도 할 수 있는 일을

우직하게 해 온 것이 조직의 재생再生으로 이어졌다고 실감하고 있습니다. 이 책은 소니의 회생 스토리를 통해 경영자뿐만 아니라 부하나 후배를 아우르는 모든 '리더들'이 이 점을 이해해 주었으면 하는 바람에서 쓰게 됐습니다.

소니의 개혁을 포함해 저는 지금까지 세 번의 사업 재건에 관여해 왔습니다. 세 번 모두 사원과 신뢰 관계를 쌓고 곤경에 맞서기 위해서는 리더의 EQEmotional Quotient, 마음의 지능 지수가 높아야 한다는 것을 절감했습니다. 물론 전술이나 전략과 같은 방책도 중요하지만, 그것만으로는 조직을 되살릴 수 없습니다.

제가 이렇게 생각하게 된 것은 지금까지의 성장 과정이나 직장 경력과 무관하지 않습니다.

소년 시절 일본과 해외를 여러 번 오가며 늘 '이방인'으로 살았고, 전자가 주류라는 인상이 강했던 소니에 있었지만 음악이나 게임 분야에서 출세 경쟁과는 별로 상관없는 커리어를 쌓아왔습니다.

이처럼 메인 스트림에서 조금 벗어난 '이단'의 삶을 살아온 것이 제가 가진 리더로서의 철학의 베이스가 되었습니다.

그렇기 때문에 이 책에서도 처음부터 경영에 대해 말하기보다는 지금까지의 인생을 되돌아보고 글로 재현하면서, 어떻게 해서 그런 철학에 이르게 되었는지를 가능한 한 리얼하게 다큐멘터리식으로 전하려 합니다.

이 책이 지금 활력을 잃고 있는 많은 기업이나 조직이 다시 광채를 되찾는 계기가 되어 준다면, 책의 저자로서 더 이상의 기쁨은 없을 것입니다.

2021년 6월 히라이 가즈오

차례

—

일러두기

- 일본 기업에서 CEO, 즉 최고경영자는 대개의 경우 사장이다. 회장이 CEO를 맡는 경우도 가끔 있지만 일반적으로 회장은 경영 일선에서 물러나 이사회 의장을 맡는다. 히라이 가즈오는 2018년 4월 사장직을 요시다 켄이치로에게 물려주고 회장으로 물러났다. 사장과 회장의 내부 파워는 기업에 따라 상황에 따라 다르다. 사장의 위상이 약하거나 실적이 좋지 않으면 회장이나 고문이 경영에 간섭하는 경우도 드물지 않다.

- 일본의 회계 연도는 4월 1일 시작해 다음 해 3월 31일에 끝난다. 예를 들어 '2012년'은 1월 1일부터 12월 31일까지지만, '2012년도'라고 하면 2012년 4월 1일에서 2013년 3월 31일까지를 의미한다. 따라서 2013년 1분기 실적은 2013년도가 아니라 2012년도 결산에 포함된다. 그래서 결산 보고는 일반적으로 5월경에 한다. 소니가 사상 최대의 적자를 낸 것은 2011년도였고, 히라이 가즈오가 소니 사장 겸 CEO에 취임한 것은 2012년도가 막 시작된 그해 4월이었다.

- 일본에서 "상"이라는 호칭은 한국어의 "씨"보다 훨씬 광범위하게 사용된다. 직장에서도 부하직원이 상급자를 부를 때 부장 등 직함이 아니라 "상"을 사용하는 경우가 많다. 이 책의 저자는 대부분의 등장인물을 "상"이라 부른다. 한국어로 적절한 단어가 없어서 "씨"로 번역했다. 다만 앤디, 하워드 등 절친한 일부 외국인을 퍼스트 네임으로 부르거나 지칭할 때는 "상"을 붙이지 않았기 때문에 번역에서도 "씨"를 붙이지 않았다. 그리고 저자는 영어가 유창하기 때문에 소니의 전임 사장인 하워드 스트링거와는 영어로 소통하고 경어를 쓰지 않는다.

- 일본인들은 외부 사람에게 자사 사람을 칭할 때, 상급자라 해도 경칭을 붙이지 않는다. "다나카상"이나 "다나카 부장님"이라 하지 않고 "다나카"라고만 칭한다.

—

약속

34년 전의 기억
—

뜻밖의 순간에, 무슨 이유에서인지 인생의 한 페이지가 영화의 회상 장면처럼 머리에 떠오를 때가 있다…. 그런 경험을 한 사람이 적지 않을 것이다. 딱히 가슴속에 담아 두고 있던 추억이라고 할 만한 것도 아닌데, 웬일인지 예전에 봤던 영화 속 한 장면처럼 불현듯 생각나고 그때 보았던 경치나 소리가 생생히 머릿속에서 재현된다. 그날 내가 바로 그랬다.

2018년 4월 어느 날이었다. 그날은 재무 부문 간부진의 회의가 있었다. 의제는 막 끝난 2017년도 결산 보고였다.* 내가 소니의 사장이라는 중책을 맡은 지 6년. 완전히 빛을 잃은 것처럼 보였던 소니를 이끌던 하루하루가 눈 깜짝할 사이에 지나갔다. 그 시점에서 나는 사장직에서 물러나기로 마음먹고 있었다. 그러니까 사장으로 질주하던 격동의 나날에 대해 드디어 총결산을 내밀 수 있는 순간이 온 것이다.

재무를 맡은 CFO_{Chief Financial officer, 최고재무책임자} 요시다 켄이치로 씨의 얼굴이 보인다. 내가 삼고초려로 소니에 영입한 동료다. 그 요시다 씨와 내가 절대적으로 신뢰하는 도토키 히로키 씨의 모습도 보인다.

"최종 숫자는 이렇습니다."

스크린에 떠 있는 자료의 연결영업이익란에는 '734,860' 이라고 적혀 있었다. 단위는 백만 엔이니까 7,348억 엔이다. 1997년도 이래 20년 만에 최고 이익을 갱신한 것을 보여 주고 있었다.**

"용케도 여기까지 왔구나…."

안도감이라고도 성취감이라고도 할 수 없는, 알 수 없는

- 역주: 일본은 3월에 회계 연도가 끝난다. 이하 각주는 모두 역주.
- 그때까지 소니의 최고 영업이익은 1997년도의 5,202억 엔이었다. 7,348억 엔은 2021년 4월 환율로 약 7조 5,000억 원에 해당한다.

감정이 밀려왔다. 사장으로서 폭풍우 속에서 출발했던 6년 전이 엊그제 같기도 하고 아주 오래전 같기도 했다. 숫자만을 좇아서 소니라는 회사를 경영해 온 것은 결코 아니었다. 다만 인쇄된 자료의 감흥 없는 숫자에 눈을 떨구고 있으니 이런저런 기억이 되살아난다.

"전자를 모르는 히라이가 사장직을 감당할 리 만무하다."

"소니가 텔레비전을 그만둘까, 히라이가 그만둘까? 어느 쪽이 먼저 일지 볼만하겠어."

"이제 소니는 애플에 넘어가는 거 아냐?"

"구조 조정의 연속, 사람을 자르는 소니에 미래는 없다."

2012년 사장에 취임한 뒤 이래도 되나 싶을 정도의 공격에 시달려 왔다. 그런 날들이 드디어 보답을 받았다.

그야말로 감개무량하다.

그 순간 왜 그랬는지 34년 전 이치가야의 사무실에서 보던 풍경이 머리에 떠올랐다.*

"알겠나. 너희들 신입 사원의 존재는 회사에 있어서는 적자야. 월급 받는 만큼 일을 하지 못하니까. 그러니까 빨리 회사

---

* 당시 저자의 첫 직장이었던 CBS소니 사무실이 도쿄 이치가야에 있었다.

CBS소니 시절의 필자(1988년)

에 빚을 갚을 수 있도록 노력해 주게."

이 말을 하고 있는 사람은 CBS소니현재의 소니뮤직엔터테인먼트의 사장 마쓰오 슈고 씨다.

"네, 열심히 하겠습니다!"

신입 사원인 나는 극히 당연한 대답을 했을 것이다. 옆에는 입사 동기인 여직원이 똑같이 고개를 숙이고 있다. 부서별로 사장의 입사 훈시를 받았는데, '외국부'에 배속된 것은 나와 이 동기 두 사람뿐이다. 훗날 내 아내가 된 여성이다.

사장이 직접 하는 훈시라 해도 당시의 나는 아직 대학을 막 졸업한 스물세 살, '높은 사람의 고마운 말씀'이 가슴에 울릴 리 없고 머릿속을 그냥 스쳐갈 뿐이다. 의자에 앉아 있는 마쓰오 씨 옆 유리창으로 보이는 철로 변의 낚시터를 멍하니 바라본다. 아직은 쌀쌀한 날씨에 낚싯줄을 드리우고 있는 사람들. 봉오리를 달고 있는 벚꽃 가지가 바람에 흔들리고 있다.

그리고 34년….

마지막 결산 보고에서 왜 그 장면이 생각난 것일까. 다만 보고를 들으면서 속으로 중얼거렸다.

'마쓰오 사장님, 이제 겨우 빚을 갚은 것 같습니다.'

세 차례의 경영 재건

—

돌이켜 보면 신기한 운명의 길을 걸어온 회사원 인생이다. 학창 시절 좋아하던 음악을 직업으로 삼고 싶어 문을 두드린 곳이 CBS소니였다. 해외에서 오는 아티스트 관련 업무로 분주하거나 통역으로 불려 가는 게 일이었다. 그 무렵 모회사인 소니는 세계적인 전자 브랜드로 부상하고 있었지만 나와는 관계없는 일이었다.

애당초 소니가 모회사라는 의식조차 없었다. CBS소니의 사무실이 있던 이치가야에서 소니의 본사가 있던 고탄다까지, 거리로 치면 10킬로미터 정도일까. 당시의 나는 단지 10킬로미터 떨어진 '모회사의 빌딩'을 완전히 다른 세계로 여겼다. 자신이 일하는 회사에 우연히 '소니'라는 이름도 들어가 있다는 정도의 인식이었다.

음악 업계 일은 재미있었다. 다만 그때부터 나는 일과 사생활을 분명히 구분하는 주의였다. 결혼한 뒤에는 회사에서 멀리 떨어진 우쓰노미야 교외에 집을 사서 신칸센으로 출퇴근했다. 휴일이 되면 좋아하는 자동차로 드라이브를 나가거나 직접 조립한 무선 조종 자동차를 가지고 집 근처 공원에서 놀곤 했다. 출세 경쟁 따위에는 전혀 흥미가 없었다. 회사에 대한 기여는 직함으로 하는 것이 아니라는 생각도 했다.

그런데 사람과의 인연이 쌓이다 보니 어느 날 소니의 사장이 되어 있었다.

그야말로 인생의 불가사의다.

미국의 플레이스테이션 사업을 돕기 위해 동원된 것은 30대 중반의 일이었다. 그해 크리스마스 판매 경쟁이 끝나면 다시 음악 업무로 돌아갔어야 했는데, 예정과 달리 샌프란시스코 교외에 있는 소니컴퓨터엔터테인먼트아메리카SCEA, Sony computer Entertainment America로 파견을 나가게 되었다. 거기서 본 것은 조직의 형태를 이루지 못한, 인간 관계가 붕괴해 버린 직장이었다. 날마다 사원들의 고민을 들으면서 '내가 심리치료사인가' 자문했을 정도다.

지금 생각하면 소니그룹 전체로 보면 하찮기 그지없는 작은 오피스의 리더를 맡은 것이 경영자로서 나의 출발점이었다. 실제 그곳에서 배운 것이 내 나름의 경영술의 많은 부분을 형성하고 있다. 그것에 관해서는 다음 장에서 상세히 말하려고 한다.

SCEA에서 '플레이스테이션의 아버지'라고 불리는 귀재 구타라기 켄 씨와 만나, 소니컴퓨터엔터테인먼트SCE, Sony com-puter Entertainment, 현 소니인터랙티브엔터테인먼트 본사의 사장으로 도쿄에 돌아오게 된 것은 46세가 되기 직전인 2006년 12월의 일이다.

내 인생은 미국과 일본을 왔다 갔다 하는 일의 연속이었다.

그때는 샌프란시스코만에 있는 포스터 시티라는 도시에 뿌리를 내리고 있었기 때문에 전혀 예상하지 못 했던 귀국이었다. 가족회의를 열자 막 사춘기에 접어든 딸이 "What's your point? 그래서 어쩌라고요?"라고 한마디했다. 그래서 가족을 미국에 두고 나만 도쿄로 돌아가게 되었다.

도쿄에서는 그런 느긋한 말은 꺼낼 수조차 없는 위기 상황이 나를 기다리고 있었다.

구타라기 씨의 뒤를 이어 사장에 취임하자마자 이제 막 출시한 '플레이스테이션3'를 재건하는 일에 직면했다. SCE 사장으로서 졸지에 2,300억 엔의 대적자를 짊어지게 된 나는 사내외로부터 거센 비판에 시달리게 되었다. 소니 본사의 높은 사람이 전화를 걸어 와 "너희들이 소니를 망칠 작정이냐!"며 호통을 친 적도 있다.

말할 것도 없이 소니는 가전으로 세계에 이름을 떨쳐 온 회사다. 워크맨이나 트리니트론 컬러 TV의 대성공은 '전자가 소니의 주류'라는 의식을 사원들에게 심어 주었다. 사실 나도 입사하기 전부터 소니 제품의 광팬이었고, 나의 출신 모태인 음악 사업도 따지고 보면 소니가 오디오 제품을 강화하기 위해 시작한 것이었다.

그런 회사 전체에서 보자면 줄곧 '변방'에서 살아온 내가, 2012년 초 소니의 사장으로 지명되었다.

그 무렵에는 시나가와로 이전해 있던 소니 본사에도 자주 출입하고 있었는데, 재차 느낀 것이 '엉망이 된 소니'였다. 주류여야 할 전자의 무기력함은 이제 누구의 눈에도 분명히 보일 정도였다.

전임 사장인 하워드 스트링거 씨는 "소니 유나이티드Sony United"라는 말을 되풀이하고 있었지만 직원들 귀에는 들리지 않는 것 같았다. 전자뿐만이 아니다. 영화나 음악, 금융 등 전자를 잇는 주력 부문이, 제각기 서로 다른 방향으로 향하고 있었다. 솔직한 마음으로 돌이켜 보면 "본사가 뭐하는 곳인데" 하는 기개가 충만했던 플레이스테이션의 SCE도 소니 유나이티드의 일원이 되지 못하고 있었다.

그리고 오랫동안 소니의 상징이었던 전자 부문은 계속 적자에 시달리며 '엉망인 소니'의 상징으로 전락하고 있었다.

당시 16만 명에 달하는 사원을 품고 있던 거대 조직이, 뿔뿔이 흩어지고 있다…. 사장이 된 내 눈에 비친 현실이었고, 솔직한 속내였다. 그렇게 나는 SCEA, SCE에 이어 세 번째 경영 재건 업무에 착수하게 됐다. 되돌아보면 평시가 아니라 유사시에 등판하게 되는 회사원 인생이었구나, 하는 생각이 든다.

'이대로 가다가는 망한다'
—

당시의 일로 상당히 인상에 남은 장면이 있다. 직원 한 명이 간부들에게 TV 신상품에 대한 프레젠테이션을 하는 날이었다. 나는 설명을 듣는 쪽 자리에 앉아 있었다. 전자 중에서도 TV는 대들보라고 할 수 있는 상품이다. 하지만 프레젠테이션이 시작되었는데 아무래도 패기가 없었다. 달리 말하면 뭐랄까, 열정이 안 보였다.

"상품성이 좀 약하다는 것은 처음부터 알고 있었지만, 제 업무이기 때문에 일단 만들어 봤습니다" 하는 것처럼 보일 지경이었다. 베젤화면 가장자리은 굵고 촌스러웠으며 "그걸로 삼성과 싸울 수 있느냐"고 물어도 명확한 대답이 없었다.

"그럼 소비자 눈에 들지 못하잖아." 누군가가 싸늘하게 지적했고 변명하는 듯한 설명이 계속됐다….

혹시나 싶어 말하지만 지금도 그 사원이 잘못했다고는 생각하지 않는다. 당시의 소니는 회사 전체가 자신감을 잃고 있었고, 이런 일은 일상적인 광경이었다.

이부카 마사루 씨와 모리타 아키오 씨라는 두 명의 위대한 창업자, 그리고 두 사람의 꿈에 공감한 사원들이 쌓아 온 소니. 전후의 잿더미에서 기적의 부흥을 이룬 일본 경제의 상징과 같은 존재로서 소니의 이야기는 전설이 되었다.

도쿄통신공업주식회사 설립 취지서(1946년)

패전 5개월 후, 이부카 씨와 모리타 씨가 도쿄통신공업주식회사소니의 전신의 설립 취지서에 써서 남긴 "자유활달自由闊達하고 유쾌한 이상理想 공장의 건설"이라고 하는 꿈은 어디에서 길을 헛디뎌 버린 것일까….

소니를 세계적인 기업으로 키운 선배들이 들으면 아마도 화를 내겠지만, 그때 나는 신형 TV 프레젠테이션에서 말을 제대로 잇지 못하는 직원의 모습을 보고 정말 진지하게 이런 생각마저 했다. '이대로 가다가는 소니는 망한다.'

여기서부터 소니 재건이라는 나의 장대한 모험이 시작되었다. 지금 와서 돌이켜 보면 재임 6년 만에 소니는 다시 앞을 향해 전진하는 회사로 거듭날 수 있었다. 이 책에서 나는 그 이야기를 재현하고 싶다. 다만 미리 말해 두지만 내가 한 일은 기묘한 책략이나 특별한 어떤 것이 아니다. 당연한 일을 당연하게 실행했을 뿐이다.

정열과 재능을 갖춘 수많은 직원들이 숨기고 있는 파워를 밖으로 끌어내 극대화하는 데 필요한 연출이라고 말할 수 있

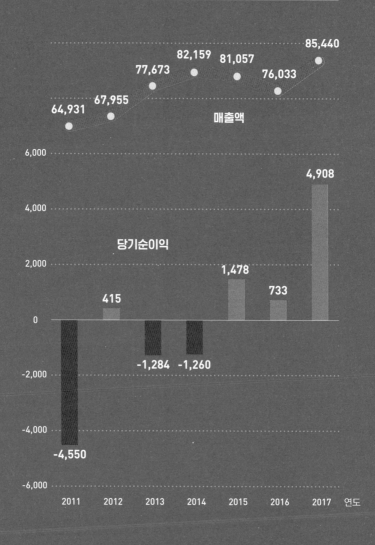

소니 실적 추이(억 엔)

매출액
- 64,931
- 67,955
- 77,673
- 82,159
- 81,057
- 76,033
- 85,440

당기순이익

6,000

4,000

2,000

0

-2,000

-4,000

-6,000

- -4,550
- 415
- -1,284
- -1,260
- 1,478
- 733
- 4,908

2011 2012 2013 2014 2015 2016 2017 연도

을까. 그것은 내가 소니의 '변방'에서 온 것과 무관하지 않다.

말할 것도 없이 나는 이부카 씨나 모리타 씨와 같은 카리스마 경영자가 아니다. 오죽하면 사장으로 막 취임했을 무렵에는 소니의 창업기를 아는 오비OB, Old Boy분들로부터 면전에서 "사장 실격"이라는 낙인까지 찍혔을까.

원래 소니의 '변방'에 있으면서 출세 경쟁에는 눈길도 주지 않고 회사원 인생을 살던 몸이다. 그런 내가 지금에 이르기까지 어떻게 소니 부활이라는 대장정에 부족하나마 공헌할 수 있었을까….

그 출발점은 어린 나이에 갑자기 살게 된 뉴욕의 한 아파트였다.

—

제 1 장

이방인

SONY TURNAROUND

가족과 함께 뉴욕으로

—

"아빠가 이번에 뉴욕으로 전근을 가게 되었다."

은행에서 일하던 아버지로부터 이 말을 들은 것은 이제 막 초등학교 1학년이 되었을 무렵의 일이었다. 뉴욕이라고 해도 무슨 말인지. 아버지에 의하면 미국이라는 큰 나라의 큰 도시라고 하던데. 아, 애당초 '전근'의 의미를 모른다.

"미국? 뉴욕? 전근?"

처음 듣는 말이 세 가지나 나왔으니 알아들을 수가 없다. 아버지가 세계 지도를 펼쳐 가르쳐 주셨다.

"어때, 가즈오. 여기가 미국이다. 이 큰 나라의 동쪽 끝에 있는 것이 뉴욕이고." 지도에 실려 있는 일본과 사이즈를 비교하면 확실히 거대한 나라 같기는 하다.

'뭐? 다 같이 여기로 간다고?'

도무지 현실감이 없다. 이렇게 우리는 도쿄도 스기나미구의 시모이구사에서 뉴욕으로 이사가게 되었다. 1967년의 일이었다. 우리 집이 이사간 곳은 뉴욕 퀸스 지구. 지금도 이민자가 많이 사는 동네로, 인종의 도가니로 일컬어지는 미국에서도 특히 다양한 인종이 거주하는 곳이다. 물론 일본인은 마이너리티다.

지금은 치안이 개선된 것 같지만 당시엔 흉악 범죄도 많았다. 좀 오래됐지만 〈에디 머피의 구혼 작전1988〉이라는 영화에서 에디 머피가 연기하는 왕자가 신부를 찾아 이사한 곳이 이 근처다. 길거리가 쓰레기로 넘치는 살벌한 분위기로 묘사되는데, 내가 이주한 때는 이 영화의 시점보다 20년 전이다.

그 마을에 있는 고속도로 변의 거대한 갈색 단지에 우리 집이 있었다. 레프락 시티Lefrack City라는 단지로 지금도 존재한다. 미국에서 말하는 전형적인 미들 클래스중류 계급용 공동 주택이다.

동네 초등학교에 처음 등교했던 날을 지금도 생생하게 기

뉴욕 레프락 시티 지도

NEW YORK

맨해튼
MANHATTAN

★
550 메디슨
舊 소니 미국 본사 빌딩

레프락 시티
LEFRAK CITY
★

퀸스 지구
QUEENS

브루클린
BROOKLYN

억한다. 영어는 당연히 전혀 이해할 수 없었다. 별세계라 해도 좋을 학교로 향하는 아들을 위해 어머니가 준비한 것이 있었다. 나에게 건네 준 세 장의 카드에 영어로 무슨 말인가가 적혀 있었다.

'화장실에 가고 싶다', '아프다', '부모님께 연락해 달라'는 뜻이라고 했다.

"알겠니, 가즈오. 화장실에 가고 싶을 때는 이 카드를 선생님에게 보여 줘야 해. 아플 때는 이거….."

세 장의 카드를 목에 건 기묘한 차림으로 나는 처음으로 미국 학교에 등교했다. 그래, 좋은 아이디어다. 실제로 화장실에 가고 싶은데 선생님에게 말을 꺼내지 못해서 오줌을 싸고, 그래서 반의 웃음거리가 되는 바람에 학교에 가기 어려워진 아이도 있다고 들었다. 하지만 실제로 이 카드를 선생님에게 보여 줘도, 아무것도 해 주지 않았던 기억이 난다. 엄마의 굿 아이디어도 효과는 별로였다.

등교를 시작한 지 며칠이 지나도 주변 아이들이 무슨 말을 하는지 알 수 없었다. 선생님이 하시는 말씀도 당연히 수수께끼일 뿐이다. 도망갈 곳이 없다. 반에 도무지 적응할 수 없다. 어릴 적 해외 현지 학교에 다녀 본 적이 있는 귀국 자녀帰国子女라면 누구나 경험했겠지만 한마디로 극심한 고독감과 무력

감에 시달렸다.

우리 반에는 나 같은 얼굴을 한 남자아이가 한 명 있었다. 하지만 그 아이는 영어를 유창하게 구사해 일본인인지 현지 일본계 사람인지도 알 수 없었다. 가끔은 나를 도와줬지만 그 애도 아직 초등학교 1학년. 놀고 싶을 게 당연하다. 늘 옆에 붙어 있으면서 도움받을 수는 없었고, 기본적으로 이것저것 어떻게든 스스로 해 볼 수밖에 없었다.

주재원 부모들은 흔히 이런 환경에 놓인 자녀를 보며 "처음엔 힘들어 보였는데 역시 애들은 말을 빨리 배운다"고들 말한다. 하지만 아이들은 아무것도 할 수 없는 이 시간이 영원히 계속될 것만 같다고 느낀다. 나도 그랬다. 하고 싶은 말을 하지 못하는 고통을 겨우 여섯 살 나이에 지겹도록 맛보았다.

힘든 곳에 왔구나…. 어린 마음에 절실히 느꼈다.

귀국 자녀를 쉽게 볼 수 있게 된 지금은 '귀국 자녀라면 겪는 일' 등이 유머로 돌아다닐 정도이지만, 해외 주재원이 주위에 거의 없던 1960년대 당시로선 부모님도 걱정만 하실 뿐 뾰족한 수가 없었다.

• 일본에서는 외국에서 살다 온 일본인 학생을 귀국 자녀라 부른다.

'다르다'는 것

—

그런 나에게 큰 변화가 찾아왔다.

아파트 베란다로 나오자 칸막이 건너편에 옆집 남자아이가 보였다. 누가 말을 걸었던가. 어쨌든 그 아이와 커뮤니케이션이 있었다.

이것이 내게는 최초의 이문화異文化 커뮤니케이션이었다. 무슨 얘기를 했는지는 전혀 기억나지 않는다. 아니, 애당초 아직 영어를 제대로 못하니까, 뭔가를 '말했다'고는 할 수 없다. 아무튼 어떤 식으로든 커뮤니케이션이 일어났던 것 같다.

생각해 보면 그때부터 40년 이상, 훗날 소니의 지휘를 맡게 될 때까지 나는 늘 '다른' 장소를 전전하며 옮겨 다녔다. 항상 '다른 식'의 견해나 사고방식을 접하고, 그것을 경영에 접목하려고 했다. 그것을 나는 '이견異見'이라고 부른다.

이견을 어떻게 발견하느냐, 어떻게 경영 전략으로 승화시켜 실행에 옮기느냐는 내 경영 철학의 근간을 이루는 사고방식 중 하나다.

중요한 점은 이견은 기다린다고 해서 저절로 날아드는 게 아니라는 것이다. 리더의 위치에 있는 사람이 능동적으로 움직여 발견해야만 한다. 흔히 경영자는 커뮤니케이션 능력이 높

어린 시절의 필자(왼쪽)와 남동생

아야 한다고 말한다. 거기에 더해 나는 지능 지수를 나타내는 'IQ'가 아니라 'EQ', 즉 마음의 지능 지수가 높아야 한다고 생각한다. '이 사람이라면 생각이 달라도 내 의견에 귀를 기울여 주겠구나'라는 믿음을 주지 못하면 진심 어린 '이견'을 얻을 수 없기 때문이다.

특히 사장과 같은 직함을 갖고 있으면, 좀처럼 사람들이 이견을 말해 주지 않는다. 이런 생각을 가지고 있었기 때문에 'EQ가 높은 인간이 되자'라고 스스로에게 다짐하곤 했다.

앞의 얘기로 돌아가면, 그때 베란다의 정황을 어머니가 보고 있었다. 어머니는 옆집이 한부모 가정이라는 것도 알고 있었던 것 같다. 아들이 처음으로 영어로 대화를 나누는 것을 보고 '이거다!'라고 생각했을지도 모르겠다. 옆집 아이를 집에 초대해서 나와 함께 놀게 했다.

이웃집 어머니도 아들이 옆집에서 놀고 있으면 안심이 될 터였다. 어머니가 퀸스의 일본 식재료점에서 구한 삿포로이찌방이라는 라면을 간식으로 내놓았던 게 기억난다. 삿포로이찌방은 그 전해에 발매된 제품이다. 어머니는 일본의 최신 음식으로 드디어 아들에게 생긴 친구를 대접한 것이다. 이 배려에는 지금도 감사하고 있다.

그 후부터 옆집 아이와는 자주 노는 사이가 되었고 내 영어도 눈에 띄게 늘었다. 떠듬떠듬 말할 수 있게 되자 가속도가 붙어서, 10월 말 핼러윈 때는 아이 수준에서는 대화라 할 만한 대화를 나눌 수 있었다. 그야말로 내 인생에서 '다른 세계'를 발견하고 내 것으로 만든 첫걸음이었다고 생각한다.

그 이후로는 영어 때문에 고생했던 기억이 없다. 처음엔 전혀 다른 세계로 여겨졌던 퀸스의 거리 풍경도 서서히 '나의 세상'이 되어 가고 있었다.

10센트짜리 햄버거

—

여담이지만 퀸스로 이사한 지 일 년 아니면 이 년 정도 지난 후, 같은 단지의 같은 동에 일본인 가족이 이사를 왔다. 부모님이 모두 일본항공JAL 분이었는데, 그 집에 나보다 한 살 어린 타짱이라는 남자아이가 있었다. 타짱과는 금세 의기투합해서 매일같이 노는 사이가 되었다.

눈이 오면 함께 썰매를 끌고 달려 나가 해질 때까지 언덕에서 미끄럼을 타곤 했다. 근처에 화이트 캐슬이라는 햄버거 가게가 있었는데 거기 햄버거는 놀랍게도 단 10센트. 1달러가 360엔이었던 시대로 지금의 일본이나 미국의 물가와는 다르지만, 어린아이 용돈으로도 살 수 있는 가격이었다. 타짱과 곧잘 먹던 그 버거의 맛은 지금도 잊을 수가 없다.

둘 다 갑자기 생면부지의 나라에 온 '이방인'이었다. 부모에게는 말할 수 없는 불쾌한 일이 얼마나 많았을까. 영어를 할 수 있게 되고 현지에서 친구도 생겼지만, 그래도 압도적인 마이너리티라는 건 변함없었다. 노골적으로 '잽Jap•'이라고 불리

• 일본인을 낮잡아 부르는 영어 표현

거나 아직 초등학교 저학년이었는데도 펄 하버진주만는 스니크 어택속임수 공격이었다고 일방적으로 멸시당하거나…. 그런 억울한 경험을 타짱과 함께 얼마나 많이 겪었던가.

1960년대 말이었던 당시는 아프리카계 미국인들에 의한 민권 운동의 여운이 아직 가시지 않았을 때였다. 전설적인 'I have a dream나에게는 꿈이 있다' 연설로 잘 알려진 킹 목사가 암살당했던 때가 내가 퀸스에 온 이듬해였다.

미국에는 여전히 인종 차별의 어두운 그림자가 만연해 있지만, 지금으로부터 50여 년 전 그 시절에는 지금보다 훨씬 더 노골적인 차별에 부딪쳤었다. 어린 마음에도 느낀 그런 불합리성과 마주하지 않을 수 없던 것이 당시 뉴욕 퀸스의 현실이었다. 퀸스에서 겪은 마이너리티 체험이 훗날 경영자가 되었을 때 큰 영향을 미치게 되는데, 당시로는 상상조차 하지 못한 일이다. 재미있는 일도 많았지만 일본에서는 맛볼 수 없는 씁쓸한 경험도 함께 겪은 소꿉친구가 바로 이 타짱이었다.

그로부터 40년 정도가 지난 어느 날의 일. 나는 소니의 사장이 되어 있었다. 해외 출장을 가기 위해 공항 라운지에서 소파에 앉아 비행기를 기다리고 있던 나에게 라운지 직원이 말을 걸어왔다.

"실례지만 히라이 님이신가요?"

"네, 그렇습니다만."

그러자 "저희 회사의 니시오를 아시는지요"라고 물었다.•

'니시오 씨…?'

그러고 보니 이 라운지는 JAL 라운지다. 그리고 타짱의 성은 니시오였다. 타짱의 부모님이 JAL 직원이었지 않았나….

"개인적인 일을 여쭤어 죄송합니다만 히라이 님, 어린 시절 뉴욕에 계시지 않으셨습니까?"

직원분이 공손한 어조로 물었다.

"네. 분명히 어렸을 때 뉴욕에 있었습니다만."

"실은 저희 회사의 니시오가 편지를 맡겨 두었습니다."

아, 혹시….

적중했다. 역시 그때의 타짱, 니시오 타다오는 일본항공의 임원이 되어 있었다. 곧바로 편지를 읽으니, 얼마 전에 NHK에서 소니 재건 특집을 보았다고 쓰여져 있었다. '그때 그 가즈오 짱인가' 싶어서 편지를 썼다고 한다.

그 순간 레프락 시티에서의 기억이 봇물 터지듯 머릿속으로 쏟아져 들어왔다. 타짱과 함께 놀았던 단지의 놀이기구, 눈

• 일본에서는 타사 사람 앞에서 자사 사람을 칭할 때 상사라도 경칭을 쓰지 않고 이름만 부른다.

오는 날 추위에도 아랑곳하지 않고 썰매를 탔던 언덕의 경치, 그리고 그 10센트짜리 햄버거의 맛….

나는 공항 라운지에서 편지를 움켜쥔 채 40년 전으로 돌아간 느낌이었다.

타짱, 아니, 니시오에게는 해외 출장에서 돌아오자마자 바로 연락했다. 식사를 하고 기노사키 온천에도 함께 갔는데 화제가 끊이지 않았다. 서로 나이가 들면서 머리도 완전히 하얗게 세었다. 각자의 회사에서 중책을 맡고 있었지만, 이국에서의 소년 시절 이야기가 시작되자 하염없이 추억이 흘러 넘쳤다.

일본 학교에 대한 의문

—

나의 이방인 체험은 뉴욕에 머무르지 않았다. 초등학교 4학년이 돼 미국 생활에도 완전히 적응했을 무렵, 아버지의 주재 기간이 끝나 일본으로 귀국하게 되었다. 지금 생각하면 뉴욕에 왔을 때보다 이때 받은 문화 충격이 더 컸던 것 같다. 어쨌든 일본 학교 특유의 관습을 전혀 모르고 있었으니까.

어느 날 일주일치 숙제를 모아서 제출했더니 영문도 모르고 선생님에게 혼이 났다. 선생님이 왜 화를 내시는지 이해하기 힘들었다. 왜 안 되는 걸까. 선생님께 이유를 묻자 "여기는 일본이다. 일본의 방식이 있다. 여기는 미국이 아니야"라고, 의미를 이해할 수 없는 설명이 되돌아왔다.

미국 학교는 공립 학교에도 청소부가 계셨는데 "왜 우리가 청소를 해야 하느냐"고 선생님께 물었을 때는 하, 호된 꾸지람을 들었다. 이유를 설명해 주면 이해할 수도 있었을 텐데, 어린애였지만 일방적으로 룰을 강요받는 것에 대한 분노를 강하게 느꼈다. 그것도 무조건 고함을 지르다니…. 지금도 불합리하다고 생각한다.

그때는 이미 덩치도 컸고, 사실 학기 차이 때문인지 일본에서 한 학년 아래 반에 들어갔어서(이거야말로 불합리하다!) 동급생에게 괴롭힘 당할 일은 없었지만, 이해할 수 없는 일들의 연속이었다. 설마 자신이 태어난 나라에서 다시 이방인 취급을 받게 되리라고는 생각지도 못했다.

지금은 일본에도 해외에서 온 외국 국적자들이 많이 살고 있다. '이방인'이라는 단어를 사용하는 것에 위화감을 갖는 독자도 계실 것이다. 삶의 장소를 옮기는 것은 언제나 발견으로 가득 찬 신나는 일이며, 인생을 풍요롭게 하는 체험의 연속이기도 하다. 그것은 이후에 나 자신이 몇 번이나 체험한 일이다.

다만 아직 어렸던 당시의 나로서는 거기까지 마음의 여유를 가지라고 해도, 꽤 어려운 일이었다는 것이 솔직한 심정이다. 어린 나이에 부모의 일로 뉴욕으로 이주해 현지에서 영어도 익혔다니, 복받은 환경 아니냐는 말을 할지도 모르겠다. 확실히 그런 면도 있지만 당시의 나로서는 장소가 바뀔 때마다 연달아 불합리한 취급을 받는 것처럼 느꼈던 것 또한 이해해 주었으면 한다.

그리고 집 근처 중학교에 진학하기 직전에, 이번에는 아버지가 캐나다 토론토로 전근을 가게 되었단다. 언어가 영어니까 괜찮지 않냐고 했지만, 겨우 일본에 익숙해졌을 때여서 '또야'라는 게 속마음이었다. 그러나 어쩔 수 없이 다시 온 가족이 바다를 건너 토론토로 갔다. 당시 토론토에는 일본인이 별로 없었고 나는 또다시 이방인이 되었다.

그로부터 이 년 반이 지나 캐나다 생활에도 익숙해질 무렵 다시 귀국이 결정됐다.

도망갈 길
—

그래서 머리를 굴려 보았다.

다시 일본의 공립 중학교에서 이방인으로 사는 것은 절대

로 싫다. 도대체 왜 다 같은 교복을 입고 헤어 스타일까지 학교
가 정한 대로 하지 않으면 안 되는 걸까. 도대체 누가 어떤 이
유로 그렇게 정한 것일까. 일본의 선생님이 말하는 '중학생답
게' 따위는 도저히 받아들일 수 없을 것 같다. 물론 일본의 학
교에도 좋은 점이 많이 있겠지만, 적어도 당시의 내 눈에는 일
본의 학교가 너무나 답답한 장소로 비쳤다.

어딘가 도망갈 길이 없을까….

결국 생각해 낸 것이, 미국에도 캐나다에도 있었던 일본인
을 위한 보충 학교의 존재였다. 평소에는 현지 학교에 다니는
자녀가 귀국 후 일본 교육에 적응할 수 있도록 일본식 교육을
받기 위해 휴일에 다니는 학교다. 미국이나 캐나다에 일본인
을 위한 보충 학교가 있다는 것은, 일본에도 미국인 부임자의
자녀가 다니는 학교가 있을 것이라는 뜻이다. 그렇게 생각하고
조사해 보니, 일본에도 아메리칸 스쿨이라는 학교가 있다는 것
을 알게 되었다.

이 길 밖에 없다고 생각했는데, 깜짝 놀랄 정도로 학비가
비쌌다. 하지만 일본 학교는 싫다…. 나의 생각을 부모님께 솔직
히 털어놓았고 부모님은 고맙게도 아들의 소원을 들어주셨다.

중학교 3학년 때 캐나다에서 귀국한 후, 내 소원대로 도쿄
도 조후시에 있는 아메리칸스쿨인재팬ASIJ, American School in Japan

으로 전학했다. 세이부선 다마역에서 조금 걸어가면 나오는 곳인데, 학교 안으로 들어가면 거기는 미국이다. 억지로라도 여기에 입학해서 다행이라고, 초중생 시절의 대부분을 미국과 캐나다에서 보낸 나로서는 적응하기 쉬운 최고의 환경이라고 생각했다.

그런데, 라고 해야 하나. 드디어 내 자리를 찾은 듯했던 것도 잠시. 이번에는 아버지가 샌프란시스코로 전근을 간다고 한다. 세 번째 북미 이주다. '또야?'라는 생각이 들면서 가까스로 찾은 자리를 잃고 싶지 않았다. 고등학교도 ASIJ를 다니고 싶었다.

그래서 다시 부모님께 딜을 제안했다. 고1 여름 방학까지는 친척 집에서 지내다가, 그 후 일 년 동안만 샌프란시스코에 있는 고등학교를 다닌다. 대신 고3 여름에는 다시 혼자 일본에 돌아와 ASIJ에 다니는 것으로 허락을 받았다.

부모님은 일 년이나 샌프란시스코에서 살다 보면 그곳에 눌러앉지 않을까 생각하신 것 같다. 하지만 그 무렵에는 일본에서 일본인으로 살고 싶다는 마음이 간절했다. 하지만 일본 고등학교는 싫었고 뭐니 뭐니 해도 ASIJ가 최고의 환경이라고 생각했다.

그렇게 나는 고3 때 다시 일본으로 돌아왔다. 태평양의 동

Kazu...photomania...JapanSem...mature...quiet...vests...
fluent Japanese...lives in AV-room...MRC...sophisticated...
computer...wrestler...intelligent...returnee...unique walk...
slim...car freak...

"Unforgettable words are seldom remembered."
The Wizard of Id

Kazuo Hirai
December 22, 1960
Tokyo, Japan

ASIJ의 졸업 앨범

과 서를 오가는 생활이었지만, 그 속에서 '나는 일본인이다'라는 자아가 강렬하게 싹트고 있었다. 그렇다면 일본에 자리를 잡고 살아야겠다고 생각했다. 대학도 당연히 일본에서 찾아야겠다고 생각했다.

사실은 이미 마음에 둔 대학이 있었다. ASIJ 옆에 노가와 공원이라는 큰 공원이 있다. 그곳을 걸어서 가로지르면 국제기독교대학교ICU, International Christian University가 나타난다. 가끔 걸어서 훌쩍 놀러 가곤 했는데, 당시에도 이미 유학생이나 귀국 자녀가 많이 다니던 곳이라 망설임 없이 '갈 거면 여기다'라고 마음먹고 있었다.

일본에서 살다

—

그렇게 진학한 ICU 역시 내게는 최고의 장소였다. 일본인만 해도 나처럼 일본의 미국계 학교에서 온 사람이 있는가 하면 해외 고등학교에서 온 귀국 자녀도 있었다. 물론 일본 학교를 나온 학생도 있었고 거기에 각국에서 온 유학생도 섞여 있다. 그야말로 컬처 믹스Culture Mix. 지금까지 살아온 미국이나 캐나다와 비교해도, ICU 캠퍼스는 다양화에 있어 가장 앞서 있었다.

친구들이 실제 체험에 근거해서 하는 얘기는, 역시 책으로 읽거나 수업에서 듣는 것보다 훨씬 리얼했다.

ICU에서 얻은 최대의 깨달음은 '나는 아는 게 없다'라는 것이었지만, '나는 알고 있다고 여기지는 않았는가'라고도 자주 생각하게 되었다. 그리고 이런 생각은 훗날 경영자가 되고 나서 '모르는 것은 모른다고 말해라'라고 스스로를 타이르는 습관을 가지는 계기가 되었다.

다만 평소 학생 생활에 대해서 얘기하자면 공부 말고도 하고 싶은 게 많았다. 아니다, 공부보다 그게 더 주였던 것 같다. 나는 어릴 적부터 기계를 좋아했지만 그중에서도 자동차를 정말 좋아했다. 그리고 지금도 정말 좋아한다. 아르바이트로 모은 돈으로 처음 산 자동차는 결코 잊을 수 없다. 마하 그린

ICU 로터리에서 RX-7과 필자

메탈릭의 마쓰다 'RX-7'. 로터리엔진을 탑재한 명차로, 게다가 운전광들 사이에서 인기가 높았던 SA형이었다. 중고차지만 88만 엔. 연비는 나빴지만 정말 멋진 차여서 수업을 빼먹고 자주 드라이브를 가곤 했다.

한창 놀고 싶을 때여서 친구들과 함께 롯폰기 클럽에도 자주 갔다. 당시에는 디스코라고 불렀다. 이때 같이 논 친구 중 한 사람이 ASIJ에서도 ICU에서도 두 학년 위였고 나중에 취직한 CBS소니에서도 선배가 되는 존 카빌라 씨다. 카빌라 씨와는 ICU 축제에서 함께 디스코 파티를 열기도 했다.

그리고 영어 강사를 한 덕분에 자동차비와 유흥비를 충당할 수 있었다. 모교인 ASIJ에서 방과 후에 열리는 레슨을 담당

했는데 여기에서 뜻밖의 부산물도 얻었다. 아이들을 위한 수업이었지만 한 달에 한 번 부모님을 위한 참관 수업이 있었다. 이때만은 '어떻게 해야 부모님을 납득시킬 수 있을까. 얼마나 즐거운 수업을 만들 수 있을까'를 생각하며 수업을 했다.

나중에 "히라이 씨는 프레젠테이션을 잘하네요"라는 말을 자주 들었는데, 사실 나는 사람들 앞에서 이야기하는 것을 좋아하지 않는다. 일이니까 할 뿐이다. 다만 이 영어 수업에서 '누구를 향해서, 무엇을 전하는가'라는 프레젠테이션의 기본 중의 기본을 배운 것이 훗날 내 일을 하는 데 큰 도움이 되었다. 물론 당시에는 귀중한 유흥비 수입원을 잃고 싶지 않은 마음에서였지만 말이다.

학교에 가면 언제나 통칭 D관으로 발길이 향했다. 정식 명칭은 디펜도르퍼 기념관인데, 건물 1층에 매점과 라운지가 있었고 거기가 우리의 아지트였다. 2층부터는 연극 동아리 등의 동아리실이 있어, 위층에서 발성을 연습하는 소리가 들려왔다. 의자에 앉아 마음이 맞는 친구들과 시시껄렁한 이야기로 떠들다 보면 분위기가 달아올랐다. 아무튼 일본 전국의 어느 대학에나 있을 법한 그런 학생이었다고 할 수 있다.

몇 번이나 국경을 넘는 소년 시절을 보내고 겨우 찾아낸 내 자리. 그곳에서 캠퍼스 생활을 만끽하면서, 장래의 삶에 대해서는 단 한 가지만 마음에 정해 두고 있었다.

일본인으로 일본에서 살겠다는 것이다.

해외에서 자란 시간이 길다고는 해도 너는 일본인이니 당연하지 않느냐고 하겠지만 당시의 나로서는 나름 진지하게 생각하고 정한 것이었다. 줄곧 해외에서 지낸 것이 아니라 일본과 해외를 넘나들며 자랐고, 어디를 가나 늘 이방인이었다.

어디를 가나 마이너리티. 게다가 장소에 따라 내가 서 있는 자리가 미묘하게 달라졌다. 초등학교 1학년생으로 뉴욕의 퀸스에 갔을 때는 "잽"이라는 말을 들었고, 초등학교 4학년 때 귀국해서는 영문도 모른 채 "여기는 미국이 아니다"라며 혼이 났다. 그리고는 캐나다와 일본, 샌프란시스코를 거쳐 다시 일본. 마음 편했던 ICU에서는, 해외 경험이 없이 일본에서만 자란 사람을 '순純 재팬'이라고 부르기도 했는데 나는 어느 쪽도 아닌 '변變 재팬'으로 분류될 듯하다. 어느 쪽이든 어디선가 '주류'인 사람들을 삐딱하게 보고 있는 듯한 감각이, 항상 내 자신 안에 있었다.

앞에서 얘기한 것처럼 일본의 교육 시스템이나 관습에 대해서 어쩔 수 없는 답답함이나 때로는 혐오감을 느낀 것도 사실이다. 그래도 역시 일본에서 살아가는 것이 자연스럽겠거니 생각했다. 이제 해외 생활은 충분하다고 생각했다.

아버지의 조언

—

그런 나에게도 취준생의 시기가 왔다. 여러 회사를 검토했지만 합격한 회사 중에 최종적으로 두 개의 선택지가 남았다. 닛산 자동차인가 CBS소니인가.

앞서 말한 대로 나는 자동차 마니아다. 직장을 취미로 고른다면 두말할 것 없이 닛산이다. 하지만 음악도 좋아했다. CBS소니는 현재의 소니뮤직엔터테인먼트로 이름 그대로 미국 CBS와 소니가 반반씩 출자해서 만든 회사였다.

그럼 어디로 정하면 좋을까. 슬슬 결론을 내려야 할 때쯤, 시모이구사에 있는 부모님 댁에 갔더니 마침 아버지가 계셨다. 직장 문제로 고민 중이라고 말씀드리자, 돌연 탁자 쪽으로 부르더니 "거기 앉아라" 하고는 잔에 맥주를 따르셨다. 영화나 드라마에서 흔히 보게 되는 '아버지와 아들의 대화' 같은 정경이다.

고민을 털어놓았더니 아버지는 주저 없이 "당연히 CBS소니지"라고 딱 잘라 말했다. 그때 아버지가 말씀하신 이유를 지금도 또렷하게 기억하고 있다.

"잘 들어. 자동차 회사에 가면, 네가 과장쯤 되었을 땐 아프리카에서 지프를 파는 일 말고는 할 일이 없어질 거다."

자동차 산업에 종사하는 분들에게는 대단히 실례지만, 아버지와 아들 사이만의 이야기로 이해해 주셨으면 한다. 아버지가 말하고 싶었던 것은 "자동차는 혼자서 수십 대를 가지거나 하지 않는다. 그러면 어차피 시장은 포화 상태가 된다"는 취지였다. 그러나 지금도 이 세상에는 보다 편리한 자동차를 찾는 소비자가 늘 존재하고, 자동차 시장은 계속 커지고 있다. 오히려 EVElectronic Vehicle, 전기 자동차나 연료 전지차, 자율 주행차로 연이어 이노베이션Innovation이 태동하는 매력적인 산업이다. 원래 지프는 미국 크라이슬러의 주력 차로 닛산과는 관계가 없다. 어디까지나 비유에 지나지 않는다.

한편 아버지는 이런 말씀도 하셨다.

"알았나. 앞으로의 세계, 소프트에는 무한한 가능성이 있단다."

CBS소니에서 다루는 음악은 영락없이 소프트웨어다. 그리고 CBS소니는 지금은 거대 그룹인 소니가 만든 최초의 소프트웨어 기업이기도 하다. 1983년 당시는 아직 컴퓨터란 대형 계산기를 의미하고, 이제 막 마이크로컴퓨터라는 단어를 신문이나 잡지에서 볼 수 있었던 무렵이다. 게다가 아직 하드에 시선이 가기 쉬운 그 시대에, 아버지는 벌써 소프트의 장래성을 간파하고 있었다는 얘기다. 지프 운운은 차치하고 아버지의 혜안에는 지금도 고개가 숙여진다.

그리하여 나는 CBS소니의 문을 두드리게 되었다.

CBS소니

내가 입사한 1984년 당시, 소니는 이미 세계적인 브랜드로 도약하고 있었다. 일본빅터JVC와 'VHS vs 베타'라는 이른바 비디오 전쟁에서는 비록 패했지만 트리니트론 컬러 TV와 워크맨으로 쌓은 명성은 세계로 뻗어 가고 있었다.

참고로 워크맨은 내가 CBS소니에 입사하기 5년 전인 1979년에 발매됐다. 창업자 중 한 명인 모리타 아키오 씨의 명칭에 대한 고집은 이제 전설로 남아 있다. 워크맨은 이른바 일본판 콩글리쉬였기 때문에 영국에서는 밀항자를 뜻하는 '스토어웨이', 미국에서는 '사운드 어바웃'이라는 이름으로 판매되었다.

영어가 모국어인 현지 직원들로서는 워크맨이란 단어가 귀에 익지 않는다고 생각했을 것이다. 그러나 모리타 씨는 "워크맨은 영어가 아니라 소니어"라며 세계 공통의 상품명으로 만들어 버렸다고 한다. 그리고 내가 CBS소니에 입사한 지 이년 뒤, 옥스퍼드 영어사전Oxford English Dictionary에 '워크맨'이라는 단어가 더해졌다. 일본 고지엔˚보다 5년 앞선 일이다. 모리타 씨 말대로 워크맨이 소니를 명실상부 글로벌 브랜드로 끌어올린 것이다.

나는 딱 그때 CBS소니에 입사했다. 하지만 CBS소니에 있던 나에게 그런 건 솔직히 말해 남의 일이었다. 소니그룹이라고는 하지만 프롤로그에서도 언급한 대로 '우연히 사명에 소니라는 이름도 들어가 있다'는 정도의 인식이었다. 미국 CBS 음반 부문 직원과는 수시로 연락을 주고받았지만, 내 업무에서 '가전의 소니'가 시야에 들어오는 일은 거의 없었다 해도 좋을 정도다. 입사한 지 얼마 되지 않아 계약 관계로 가끔 소니 본사에 갈 기회가 있었지만, 솔직히 말해 '다른 세상이네'라는 느낌이었다.

소니에서의 내 커리어는 확실히 그런 변방에서 시작되었다. 물론 스스로 원해서 그랬지만.

CBS소니에서 처음 배속된 외국부에선 해외 아티스트의 일본 프로모션을 돕는 일이 주 업무였다. 이 회사는 1968년에 창업했으니까 내가 입사했을 무렵에 이미 16년차였지만 그래

˚   유명 일본어 사전

도 이치가야의 오피스에는 새 회사다운 젊은 공기가 가득 차 있었다. 내가 그랬던 것처럼 소니 본사에 알아서 길 마음은 전혀 없다는 분위기였다.

그 상징이라고도 할 수 있는 것이 CBS소니 창립과 함께 입사한 마루야마 시게오 씨일 것이다. 플레이스테이션의 탄생을 뒤에서 서포트한 공로자로, 훗날 내 인생을 크게 바꾼 대선배다. "지금부터는 록이다"라며 EPIC소니라는 별개의 회사를 만드는 등, 늘 남과 다른 일을 하였다. 마루야마 씨가 나중에 만든 음악 상표Label에 '안티노스'가 있다. Antinos란 암암리에 안티 소니Anti Sony를 의미한다. 이 이름 하나로 CBS소니의 사풍을 이해할 수 있지 않을까.

회사 내에서도 어쨌든 '해 버려. 해낸 사람이 승자다'라는 공기가 가득 차 있었다. 남이 하지 않는 일에 도전하는 것을 좋게 여겼다. 도전을 위해서라면 약간 느슨한 것에는 눈을 감아 주는 대범한 분위기가 감도는 조직이, 그 당시 내가 본 CBS소

마루야마 시게오

니라는 회사였다.

　마루야마 씨는 언제나 흰색의 폴로셔츠에 청바지 차림이었다. 평소 자학 개그를 좋아해서, 어떤 장면에서도 내 기억에 남는 것은 호쾌하게 웃는 모습이다. 아버지가 유명한 '마루야마 백신°'의 개발자이지만, 내가 아는 마루야마 시게오 씨는 소니라고 하는 큰 조직 내의 반역자이며, 새로운 이노베이션의 씨를 기르는 선구자, 그리고 무엇보다도 EQ가 높은 리더였다. 마루야마 씨와 있었던 일은 다음 장에서 자세하게 소개하려 한다.

다시 뉴욕으로 가다
—

외국부의 일은 재미있었다. 처음엔 미국 CBS 음반 부문에 보내는 텔렉스의 문구를 쓰는 정도였지만, 점차 일본에 온 거물급 아티스트의 안내도 맡게 됐다. 처음으로 맡은 아티스트는 가제보°°였다. 일본에서는 고바야시 아사미 씨가 '빗소리는 쇼팽의 가락'이라고 하는 곡명으로 번안한 'I like Chopin'을 기

° 　인간형 결핵균에서 추출해 만든 항암 치료제

°° 　1980년대에 큰 인기를 끈 이탈리아 가수

억하는 분이 있을 것이다.

물론 긴장했지만, 특별 대우를 싫어하는 성격이라고 들어서 되도록 평범하게 대했던 것만은 기억한다. 일정이 쉴 없이 연달아 있었고, 후지TV 계열 '밤의 히트 스튜디오'의 녹화에도 동행했다. 눈이 돌 정도로 바빴지만 롯폰기 '세리나'에서 있었던 뒤풀이에서 함께 건배했을 때는 정말 뿌듯했다. 그의 곡은 지금도 가끔 듣는다.

화려한 음악 세계에서 일하는 즐거움은 맛보면서도, 일과 사생활 사이에 확실하게 선을 긋고 싶다는 게 내 생각이었다. 지루하게 잔업 하는 건 싫다. 입사 동기인 하야카와 리코와 결혼하면서, 도쿄 이치가야 오피스에서는 멀리 떨어진 우쓰노미야에 집을 구입해 신칸센으로 통근했다. 주말이면 녹음이 우거진 교외 생활을 만끽했다.

입사하던 날 마쓰오 슈고 사장으로부터 들은 "너희들 신입 사원의 존재는 회사에 있어서는 적자야"라고 하는 훈시도, 그때는 이미 기억의 저편에 가 있었다. 소년 시절 북미와 일본을 오갔던 나였지만 학창 시절에 마음먹은 것처럼 온전히 일본에 정착한 나날을 보내고 있었다. 우쓰노미야는 좋은 동네였다고, 지금도 생각한다.

그런 생활에 당혹스러운 변화가 시작된 것은 1994년 초의 일이다. 상사의 방에 불려가, "자네가 뉴욕에 가 주었으면 하네"라는 통보를 받았다. 듣는 순간에 마음속으로는 '농담이시죠. 저에게 왜 이러세요'라고 했지만, 당시는 회사에서 낸 발령을 거절할 수 있는 분위기도 아니었고 담담히 따를 수밖에 없었다.

우쓰노미야에 돌아가 아내 리코에게 전하자 "얘기가 다르잖아"라며 다그쳤다. 리코 역시 나와 같은 귀국 자녀로, 서로에게 "이제 해외 생활은 싫으니 일본에서 살자"는 말을 자주 했었기 때문이다.

나중에야 알게 되었지만, 나의 뉴욕행에는 사실 마루야마 씨의 입김이 있었다고 한다. 마루야마 씨가 당시 나의 상사에게 "아무래도 히라이는 뉴욕에 보내지 않으면 회사를 그만둘 생각인 것 같아"라고 말했다고 한다. 사실은 정반대로, 뉴욕을 포함한 해외 생활이 이젠 지겨웠는데.

그렇다 해도 회사의 명령이다. 나는 마지못해 뉴욕으로 전근을 가게 되었다. 그때까지 뉴욕에 몇 차례 출장을 간 적은 있었지만 산다는 건 또 다른 얘기다. 마침 JFK공항에서 맨해튼으로 가는 도중의 고속도로 변에 초등학교 시절을 보낸 레프락 시티가 있었는데, 그 갈색 단지들을 보자 솔직히 '아아, 여기로 돌아와 버렸구나' 하는 심정이었다.

태평양을 건너 삶의 터전을 바꾸는 것이 이번으로 무려 일곱 번째다. 그리고 이때 뉴욕으로 옮겨 간 것이 내 인생을 완전히 바꿔 버렸다.

도쿄에서 나의 직함은 계장. 뉴욕에서 제너럴 매니저GM, General Manager라는 직함으로 바뀌었지만 달라지는 건 없다. 주재원은 나 혼자, 간단히 말해 잡화점 점장이 되어 버렸다. 본의 아니게 전근했지만, 엔터테인먼트의 본고장인 뉴욕에서 음악 비즈니스를 하는 것도 나쁘지는 않지, 라고 생각을 고쳐먹었다.

그런데 삶이란 불가사의이다. 엉뚱한 일로 플레이스테이션 사업에 종사하게 된다. 잠시 도우려고 갔다가, 어어 하는 사이에 되돌릴 수 없게 되어 버렸다.

거기서 나를 기다리고 있던 것은, 조직의 형태를 전혀 갖추지 못한 너덜너덜한 현장이었다. 서로 의심하고 서로 발목을 잡고, 그리고 모두가 서로 다른 목표를 가지고 있다…. 거기서 안개 속을 달렸던 날들이 경영자로서의 토대가 될 거라고, 뉴욕으로 건너간 그때는 생각지도 못했다.

—

제 2 장

플레이스테이션과의
만남

구보타 도시노부의 집념

—

뉴욕은 시대를 초월해 세계 쇼 비즈니스의 중심지다.

맨해튼 한복판을 관통하는 브로드웨이에는 극장이 연달아 있다. 매일 밤 열리는 뮤지컬이나 오페라 무대에 오르려면 재능으로 세계에서 최고라고 인정받아야 한다. 다소 외진 곳에 자리 잡은 라이브하우스도 내일의 스타를 꿈꾸는 젊은 재능들로 북적댄다. 음악 비즈니스 종사자에게는 세계의 정점을 엿볼 수 있는 장소라고 할 수 있다.

나 같은 무대 뒤의 스태프와 달리, 자신의 실력 하나로 이

자리에서 승부를 보려는 아티스트에게는 '엿본다' 따위의 한가한 말이 통용될 수 있는 세계가 아니다. 극소수의 성공한 사람들 뒤에는 빛을 보지 못한 수많은 젊은이들이 있다. 이토록 냉엄한 세계가 또 있을까. 그래도 굳이 이곳에서 성공을 거두려는 도전자의 모습에는 보는 이를 사로잡는 매력이 있다.

그걸 내게 알려준 아티스트가 있다. 구보타 도시노부 씨다. 일본에서 'Missing'이나 '유성의 안장' 등이 연이어 대히트를 쳐 확고부동한 스타로 발돋움하고 있던 구보타 도시노부씨가 뉴욕으로 활동 거점을 옮긴 것은, 마침 내가 전근을 가기직전의 일이었다.

내가 뉴욕으로 건너간 게 1994년. 구보타 도시노부 씨는 그 이듬해 있을 미국 무대 데뷔를 위해 작곡 작업에 몰두하고 있었다. 거기서 나는, 그야말로 인생을 건 프로 중의 프로의 귀기 어린 모습을 보게 되었다.

녹음실에 한번 들어가면 새벽 두 시나 세 시까지 녹음을 계속한다. 그대로 밤을 새는 일도 드물지 않았다. 나는 녹음 작업에는 관여하지 않았지만, 그의 행동에서 반드시 여기에서 성공하겠다는 집념을 느낄 수 있었다. 정말 대단한 것은 한마디로 완벽을 추구하며 타협하지 않는 그 자세였다. 작곡뿐만이 아니라, 마케팅을 의논할 때도 그 자세 그대로였다. 이 사람은 가수 생명을 걸고 있다는 것이, 말로 하지 않아도 전해졌다.

"일본에서 온 아티스트이기 때문에 가능한 것은 무엇인가? 일본의 마이클 잭슨이라면 의미가 없지."

그런 의논을 했던 기억이 난다.

그런 모습을 보게 되면 인간이란 마음이 움직이기 마련이다. 자신도 모르는 사이에 '그를 위해 내가 무엇을 할 수 있을까'라고 생각하게 된다.

누구보다도 큰 에너지로 높은 벽에 도전한다. 그 모습을 본 사람들은 자기도 모르는 사이에 같은 방향으로 이끌려 간다….

되돌아보면, 그때의 구보타 도시노부 씨야말로 EQ가 높은 리더의 표본이 아니었을까. 훗날 구보타 도시노부 씨가 뉴욕에서 대히트를 친 명곡 'LA LA LA LOVE SONG*'을 탄생시킨 것도 당연한 일이었다고 생각한다.

• 1996년 일본에서 큰 인기를 끈 드라마 〈롱 베케이션〉의 주제곡이자, 일본에서 활동하던 한국 가수 보아가 2005년에 리메이크하기도 했던 히트곡

"플레이스테이션을 도와주게"

—

두 번째 뉴욕 생활은 처음엔 내키지 않았지만, 정들면 고향이 라는 속담처럼 여기 일에는 일본과는 또 다른 의미의 재미가 있었다. 당시에는 번화가인 5번가 근처에 있는 '550 매디슨550 Madison'이라는 고층 건물이 소니의 오피스였다. 그리고 이 무렵 나의 근무처인 CBS소니의 사명이 소니뮤직엔터테인먼트로 바뀌어 있었다. 지금부터는 특별한 필요가 없는 한 '소니뮤직' 이라 하겠다.

이 미국 본사 빌딩은 원래 미국 기업 AT&T의 빌딩이었 는데, 내가 부임하기 일 년 전에 소니가 매입했다. 매우 사치스 러운 설계로, 입구가 7층 높이의 거대한 아치를 이루고 있었 다. 유명한 엠파이어 스테이트 빌딩과 크라이슬러 빌딩 등 특 색 있는 고층 빌딩이 즐비한 뉴욕의 미드타운에서도 유달리 눈길을 끄는 빌딩이다. 솔직히 '오피스인데 왜 이렇게 멋진 빌 딩이 필요할까'라고 생각했다. 사실 나중에 소니 사장이 되었 을 때 가장 먼저 매각한 것이 이 빌딩이다.

어릴 적 살았던 레프락 시티와는 맨해튼을 사이에 두고 정확히 반대편에 있는 포틀리라고 하는 교외의 마을에 집을 구했다. 맨해튼을 빠져나와 허드슨강을 가로지르는 조지 워싱

턴교를 건너면 바로 나오는 마을이다. 녹음이 우거진 강변의 한적한 마을로, 당시에는 일본인 주재원이 모여 살고 있었다. 커다란 일본 슈퍼도 있어서 가족이 살기에는 더할 나위 없는 곳이었다.

두 번째 뉴욕 생활에도 완전히 익숙해진 지 일 년 정도가 지난 1995년 5, 6월경이었던 것 같다. CBS소니 그룹의 대선배인 마루야마 시게오 씨로부터 전화가 왔다.

"플레스테*의 일이야. 좀 도와줄 수 있을까."

그런 가벼운 말투였던 것으로 기억한다. 플레이스테이션은 1994년 12월 일본에서 발매된 게임기다. 대부분 사람들의 예상보다 훨씬 좋은 출발을 보였고, 여세를 몰아 북미 현지 발매도 앞두고 있었다.

"예, 좋습니다만."

나는 이렇게 대답했을 것이다. 이것이 내 직장인 인생에서 가장 큰 전환점이 될 것이라는 걸 알 리는 없었다.

이 일은 조금 자초지종 설명이 필요하다. 플레이스테이션은 소니가 낳은 귀재라고 하는 구타라기 켄 씨를 중심으로 시

---

* 플레이스테이션의 일본식 줄임말

1994년 12월 3일 발매된 초대 플레이스테이션

작한 신규 사업이다. 원래 반도체 엔지니어였던 구타라기 씨는 나보다 딱 열 살 위다. 이 구타라기 씨가 닌텐도의 슈퍼패미컴*과 손잡고 CD롬을 일체화한 차세대 게임기를 개발하는 프로젝트를 추진하고 있었는데, 이것이 플레이스테이션 탄생의 계기였다. 지금은 사내외에서 잘 알려진 얘기지만 이 게임기 개발을 둘러싸고 소니와 닌텐도 사이에 분란이 있었다. 1991년 6월 시카고에서 열리는 가전제품 전시회에서 양사의 제휴를 대대적으로 발표하기로 밀약을 맺고 있었는데, 발표 며칠 전 갑자기 닌텐도가 제휴 파트너를 소니에서 네덜란드 필립스로 변경하겠다고 통보해 온 것이다.

구타라기 씨가 닌텐도의 '변심'을 알게 된 것은, 그 발표

• 소니의 플레이스테이션처럼 닌텐도가 개발한 가정용 게임기

의 협의를 위해 도쿄에서 교토에 있는 닌텐도 본사로 가던 도중이었다고 한다. 이때 구타라기 씨와 동행한 사람이 당시 홍보 담당 임원이었던 이데이 노부유키 씨다. 나중에 소니의 CEO Chief Executive Officer, 최고경영책임자가 된 분이다.

사다리를 걷어차여 고립무원이 된 구타라기 씨는 거기서 포기하지 않았다. 닌텐도가 다른 회사와 손을 잡는다면, 소니가 독자적으로 게임기 시장에 뛰어들면 된다. 물론 소니에게는 큰 도박이다. 사내에서도 반대 여론이 거셌다.

그 후 일 년 뒤 열린 경영 회의에서 벌어진 토론은 이제 소니의 전설이 되었다. 상황은 구타라기 씨에게 최악이었다. 출석한 대부분의 임원은 게임기 사업 진출을 반대했다고 한다.

여기서 구타라기 씨가 승부를 걸었다. 사내의 반대를 봉쇄하려면 대장을 무너뜨려야 된다고 작정한 듯, 회의에서는 당시 사장이었던 오가 노리오 씨만 바라보며 말하기 시작했다고 한다.

처음에는 기술과 관련된 논쟁이 계속되었던 듯하다. 구타라기 씨는 굳이 허풍이라고 생각될 정도의 스펙을 내밀었다. 당시의 정황은 아사쿠라 레이지 씨의 저서《소니의 혁명아들ソニーの革命児たち》에 자세히 기술되어 있다. 나도 전해 들은 얘기이기 때문에, 이 책을 참고해 당시의 모습을 소개하려 한다.

"자네, 거짓말하면 안 돼."

오가 씨는 구타라기 씨의 '허풍'을 간파했다는 식이었지만, 구타라기 씨는 그 말에 발끈하는 대신 사내의 '금기어'를 입에 올렸다.

"닌텐도에게 그런 식으로 당하고도 이대로 그냥 계실 작정이신 겁니까!"

이 말이 오가 씨의 분노의 불에 기름을 들이부었다. 구타라기 씨가 "결단해 주십시오!"라고 호소하자 오가 씨는 "그렇게 고집을 부릴 거면, 네 말이 정말인지 어떤지 증명해 봐!"라고 내뱉었다.

그리고 오가 씨가 책상을 탕탕 두드리며 외친 한 마디는 플레이스테이션 탄생 설화에서 빠지지 않고 반드시 등장한다. 오가 씨는 단 한 마디, 이렇게 외쳤다.

"DO IT!!"

마루야마 씨와 구타라기 씨
—

플레이스테이션이라고 하는, 후에 소니의 기둥을 지지하게 될 사업은 이런 격론에서 시작됐다. 하지만 이런 감정적인 토론에서 출발한 플레이스테이션 개발에는 전술한 대로 사내에서 반발이 상당했다.

여기서 마루야마 씨가 등장한다. 마루야마 씨는 CBS소니의 출범과 동시에 광고대행사에서 이직한 사람이다. 마루야마백신의 개발자가 아버지이고, 오가 씨와는 먼 친척 관계라고한다. 당연히 나에게는 회사의 대선배다. 내가 아는 마루야마씨는 언제나 러프한 모습으로 오피스에 나타나 누구에게나 스스럼없이 말을 거는 분이었다. 에도*의 아들 그 자체라고 해도좋을 깔끔한 성격으로, 독특한 에도 억양**으로 언제나 농담을즐겨 했다.

소니 내부에 적이 많았던 구타라기 씨를 숨겨준 이가 다름 아닌 마루야마 씨였다. 마루야마 씨는 CBS소니의 일에 만족하지 않고, 록을 주로 취급하는 EPIC소니의 창립을 준비 중이었다. CBS소니에서 지리적으로도 거리를 두려고 오피스도이치가야가 아닌 아오야마에 마련했다. 마루야마 씨는 아오야마 오피스에 구타라기 씨를 영입해, 차분하게 자리를 잡고 게임기 개발에 몰두할 수 있도록 했다.

———

- •   도쿄의 옛 지명
- •• 도쿄 중심부 토박이들의 독특한 억양

구타라기 씨는 지금도 '플레이스테이션의 아버지'라고 불리는 경우가 많고, 그것은 틀림없는 사실이다. 단지 마루야마 씨를 비롯해 그 도전을 지지해 준 사람들이 존재하지 않았다면 그의 꿈이 실현될 수 없었다는 것 또한 사실이다.

플레이스테이션에 반대하는 사람이 많았다고 했지만, 솔직히 말하면 나도 "왜 게임 같은 걸 해야 하죠"라던가 "그런 건 하지 말아야죠"라며 논평했던 사람 중 한 명이다.

솔직히 게임 비즈니스의 의미를 몰랐다. 게임이라면 고등학교 3학년 하굣길에 했던 인베이더 게임이 마지막이었다. 나중에 닌텐도 게임기가 엄청 인기였지만, 이미 사회인이었던 나는 게임에 전혀 흥미가 없었다. 플레이스테이션을 담당하는 소니컴퓨터엔터테인먼트가 생기고 나서도, 전화에서 "SCE…"라는 말이 들리면 "아, 소니크리에이티브프로덕츠?"라고 착각할 정도였다.

그런 내가 마루야마 씨로부터 "좀 도와주게"라는 말을 듣고, 깊게 생각하지 않고 "좋습니다"라고 대답한 데에는 "크리스마스 판매 경쟁이 끝나면 다시 뮤직으로 돌아와도 좋아"라는 구두 약속이 있었기 때문이다. 게다가 도와준다고 해도 SCE 사장으로 있던 도쿠나카 데루히사 씨가 미국으로 출장 오면 "그의 가방을 들어 주는 걸로 충분해"라는 정도의 얘기였다. 북미에서의 플레이스테이션 출시라는 중요한 시기를 앞두고 '아, 마루야마 씨도 힘들겠구나'라는 생각으로 돕기로 했다.

SCE의 미국 거점인 SCEA, 즉 소니컴퓨터엔터테인먼트아메리카가 있는 곳은 서해안 샌프란시스코 국제공항에서 가까운 포스터 시티라는 동네다. 샌프란시스코만을 따라 있는 해변가의 주택가다.

'뭐, 가끔 캘리포니아의 태양을 쬐러 가는 것도 좋겠지.'

그 정도의 가벼운 기분이었다.

리지 레이서의 충격
—

나는 게임에는 관심이 없었지만, SCEA를 도와준다는 이유로 발매 직전에 플레이스테이션을 한 대 빌려보기로 했다.

플레이한 것은 '리지 레이서Ridge Racer'라는 게임이었다. 이른바 폴리곤Polygon을 구사한 3D 영상으로, 일단 자동차가 달리기 시작하면 배경이 선명하게 흘러간다.

"헉! 이런 게 집에서 가능해?"

내가 알고 있던 게임과는 전혀 다른 현장감이었다. 아무리 게임 체험이 고교 시절의 인베이더 게임에서 멈췄다고 해도,

그것은 이미 경악이었
다. 이 정도면, 마루야
마 씨도 빠져들 수밖
에 없었겠지.

여담이지만 2006
년에 로스앤젤레스에
서 열린 E3라고 하는

'리지 레이서' 게임 화면
©BANDAI NAMCO Entertainment Inc.

게임 상품 전시회에서 PSP플레이스테이션포터블를 발표할 때의 일이
다. 리지 레이서를 시연하면서 메뉴 화면에 흐르는 소리를 흉
내내 "리지 레이서!"라고 가볍게 외치며 어필했더니, 일부 마니
아 분들이 '리지 히라이'라는 별명을 붙여 주었다.*

리지 레이서의 완성도에 감동하기는 했지만, 나는 내가 게
임에 무지하다는 것도 알고 있었다. 대단한 것은 알겠지만, 그
것이 어느 정도의 비즈니스가 될 수 있을지, 솔직히 말해서 당
시의 나는 짐작도 하지 못했다.

그런 의구심이 싹 가시는 사건이 있었다. 미국에서 플레이
스테이션이 발매된 날은 1995년 9월 9일이다. 그날은 출장으

• 유튜브에 'Ridge Hirai'를 검색하면 2006년 E3 당시 "리지 레이서"를 외치는 저자
   의 모습을 확인할 수 있다.

로 샌프란시스코에 있었지만, 오히려 신경이 쓰인 것은 구보타 도시노부 씨의 CD 쪽이었다.

구보타 도시노부 씨는 그 4일 전에 미국에 데뷔했다.

물론 CD의 판매 추이 정보는 들어와 있었지만, 역시 현장 상황이 궁금했다. 타워 레코드에 가니, 포스터가 붙어 있고 잘 팔리고 있었다. 한시름 놓을 수 있었다.

"이왕 나선 김에."

그 길로 근처 게임 가게에 갔더니 거기는 장사진을 이루고 있었다. 물론 플레이스테이션 때문이다. 일본에서 발매하자 마자 처음 출하한 10만 대가 완판되었다는 보도가 있었지만 여기 미국에서도 대단한 인기였다.

한편 구보타 도시노부 씨의 전미 데뷔 앨범 〈SUNSHINE, MOONLIGHT〉는 일본에서 오리콘차트 주간 1위에 올랐지 만, 미국에서의 평가는 담당자인 나로서는 납득 가지 않았다.

무엇보다 플레이스테이션의 임팩트가 너무 컸다.

구보타 도시노부 씨의 열정을 가까이서 보고 있던 만큼 솔직히 마음이 착잡했다. 가벼운 마음으로 도와주기로 한 게임이 미국에서 열광적인 인기를 누리기 시작했다. 물론 음악과 게임을 비교하는 것은 난센스다. 다만 그때 문득 이런 생각이 들었다.

일본에서 수출하는 소프트웨어, 좀 더 넓게 일본에서 수출하는 문화라는 의미에서 생각하면, 게임 비즈니스에는 무한한 잠재력이 있는 것이 아닐까…. 인정하고 싶지 않기도 했지만, 음악으로는 아직 할 수 없는 대단한 일을 해낼 수도 있지 않을까 싶었다.

그것이 내가 게임 비즈니스의 가능성을 깨닫게 된 최초의 경험이었다.

너덜너덜한 SCEA
—

하지만 미국에서 플레이스테이션 사업을 궤도에 올려놓는 데는 큰 문제가 있었다. 현지 거점인 SCEA의 경영이 문제였다. 우선 지휘명령 계통이 제멋대로여서 카오스 상태였다.

이유는 소니그룹 전체를 둘러싼 주도권 다툼에 있었다. 당시 SCEA 사장은 플레이스테이션의 최대 라이벌로 꼽히던 세가에서 빼낸 스티브 레이스 씨였다. 스티브가 보고를 올리는 보스가, 동해안의 뉴욕에 있는 소니의 북미 총괄 회사, 소니코퍼레이션오브아메리카(소니아메리카) 사장인 마이클 슐호프 씨였다.

슐호프 씨는 오가 노리오 씨의 심복이라고도 불리던 실력자였다. 오가 씨는 이부카 마사루 씨와 모리타 아키오 씨라는 두 명의 위대한 창업자로부터 직접 훈련을 받은 창업 세대 출신의 마지막 사장이다. 오랫동안 소니의 최고 실력자였으며, 내 입장에서는 구름 위의 존재였다.

여기서 얘기가 복잡해지는데, 이 소니아메리카의 자회사가 원래 북미에서 게임 비즈니스를 자질구레하게 하고 있던 관계로 SCEA의 보고 라인도 도쿄 본사인 SCE가 아니라 뉴욕, 즉 이 소니아메리카가 되어 버렸다.

뉴욕에 있는 실력자를 뒷배로 둔 스티브는, 도쿄의 의견에 전혀 귀를 기울이지 않고 독자 노선을 내세웠다. 'PlayStation' 로고를 미국에서 마음대로 만들기도 하고, '폴리곤맨'이라는 캐릭터를 만들어서 독자적인 이미지 전략을 세워 보기도 했다. 그뿐만 아니라 미국에서만 플레이스테이션 기기의 색을 바꾸라는 말을 꺼내는가 하면, 애초에 플레이스테이션이라는 이름이 별로라며 명칭 변경까지 압박했다고 한다. 이러한 일을 도쿄의 구타라기 씨나 마루야마 씨에게는 전혀 알리지 않고 현지에서 마음대로 진행시켜 버렸다. 그래서 두 분 다 애를 먹었다고 들었다.

플레이스테이션은 전술한 워크맨처럼 전 세계에서 통일

된 브랜드 전략으로 나갈 계획이었기 때문에, 구타라기 씨 등도 물러설 수가 없었다. 폴리곤맨 건은 도쿄의 강한 의향으로 정식 발표 직전 아슬아슬한 타이밍에 철회되었다.

결국 스티브는 플레이스테이션 발매를 한 달도 채 남겨두지 않은 시점에 SCEA 사장직에서 물러나게 되었다. 마침 내가 SCEA를 도우러 동원되던 무렵의 일이다.

그러던 차에 정변이 일어났다.

미국 플레이스테이션 발매로부터 석 달이 지난 1995년 12월, 실력자인 소니아메리카의 마이클 슐호프 씨가 돌연 퇴임한 것이다. 아무래도 이 해에 오가 씨의 뒤를 이어 소니의 사장이 된 이데이 노부유키 씨와 격렬하게 대립한 것 같다는 소문이 흘러나왔다. 어쨌든 나에게는 구름 위에서 일어나고 있는 일에 지나지 않는다. 〈월스트리트저널〉이나 〈닛케이비즈니스〉의 특집 기사를 읽으며 "소니도 힘들겠네" 하는 정도의 느낌이었다.

단, 도쿄의 SCE 간부에게는 SCEA의 보고 라인을 통합할 기회였다. 스티브의 후임으로 현장의 오퍼레이션을 담당하는 사장에 임명된 것은 전자 부문의 마케팅 담당이었던 마티 홈리쉬 씨였다.

드디어 SCEA의 재건에 착수했지만, 쉬운 일은 아니었다.

인상적이었던 것이 마티에게 일어난 변화였다. 마티는 원래 오픈 마인드인 사람으로 "모두 함께 열심히 해 봅시다"라는 분위기를 만들어 가려고 노력하고 있었다. 그런데 얼마 지나지 않아 누가 봐도 신경 쇠약에 걸린 듯한 얼굴로 바뀌었다.

어느 날 마티는 자기 사무실의 유리를 떼어 내고 내부가 보이지 않도록 벽으로 만들어 버렸다. "블라인드를 닫아도 항상 누군가에게 감시 당하는 느낌이 든다"고 했는데, 이렇게 되면 이젠 현장 팀과 제대로 소통도 할 수 없다. 초췌한 마티의 모습을 본 내가 "아무래도 힘들겠습니다"라고 도쿄에 보고한 기억이 난다.

도쿄의 소니 간부들이 기대를 많이 했던 마티가 얼마 못가 포기해 버렸다. 그런데 여기서 집념을 보인 것이 마루야마 씨였다. 앞서 말한 대로 내게 "크리스마스 판매 경쟁이 끝나고 음악 업무로 돌아가면 되니까"라고 말했었는데, 이제 바로 그돌아갈 타이밍이었다.

"미안하지만 마티를 좀 더 서포트해 줘"라고 연장 통보를 받았다. 그런데 마티가 너무도 빨리 포기한 것이다. 결국 마티는 원래 소속인 전자 부문으로 돌아가게 되었다.

그 무렵 SCEA의 회장도 겸임하게 된 마루야마 씨는 행동으로 보여 줌으로써 팀을 정비하고자 했다.

"내가 매주 도쿄에서 거기로 갈 거야. 미리 말해 두는데 내가 쓰러지면 다음은 구타라기가 갈 거고"라고 선언하더니, 정말로 도쿄에서 매주 SCEA가 있는 포스터 시티에 오는 생활을 시작했다.

월요일에는 소니뮤직 임원회, 화요일에는 도쿄의 SCE에 출근, 그리고 수요일에 비행기를 탄다. 시차 관계로 포스터 시티에 도착하는 것도 수요일. 그대로 일을 하고 목요일과 금요일은 SCEA에서 보낸다. 그리고 주말에 다시 도쿄로 돌아간다…. 이런 생활을 정말로 매주 반복했다.

이때 마루야마 씨는 50대 중반이었다. 아직 건강하다고는 해도 초인적인 스케줄이다. 이런 걸 보니, 나도 이제는 도움 운운할 상황이 아니었다. 마루야마 씨를 수행해 SCEA의 재건에 돌입했다.

샌프란시스코 국제공항에서 마루야마 씨를 맞이하고, 포스터 시티 SCEA에 들르기 전 공항 바로 옆에 있는 하얏트호텔에 가서 함께 점심을 먹었다. 메뉴는 주로 파스타였다. 우선은 내가 마루야마 씨가 없었던 주 전반의 일들을 보고하고, 거기에서 대책 회의가 시작된다. 일주일 분의 대책을 가다듬고 나서 SCEA로 출발했다.

사전 준비를 확실히 끝냈기 때문에, 현지에서 회의가 시작되어 마루야마 씨가 일본어로 무엇인가 지시하면, 곧바로 내가 그대로 이야기를 받아 현지 사원에게 영어로 전했다. 이쪽은 준비가 다 되어 있다. 마루야마 씨의 간결한 지시에 반해, 나의 영어 설명이 몇 배나 길었기 때문에 현지 스태프는 '일본어는 얼마나 효율적인 언어인가'라고도 생각한 것 같다.

서른다섯 살에 경영 재건에 착수하다

이렇게 끈질기게 플레이스테이션의 보고 라인을 통합하는 작업을 진행하고 있었는데, 매주 일본과 미국을 왕복하는 생활이 확실히 마루야마 씨의 건강에 무리였던 것 같다. 반년이 지났을 무렵 "나는 지쳤으니까, 네가 사장을 해 줘"라는 말을 들었다. 전자로 돌아가 버린 마티의 후임, 즉 SCEA의 사장을 맡겠다는 것이다.

놀라지 않을 수 없었다.

당시의 나는 서른다섯 살. 비록 현지 법인이지만 SCEA는 소니그룹 안에서도 중요한 회사였다. 소니뮤직에서는 뉴욕에 파견된 뒤 GM이라는 직명을 썼지만, 도쿄에서는 사실 계장이다. 원래 나는 아직 SCE가 아니라 소니뮤직 소속이다.

"아니⋯. 아무리 마루야마 씨가 지명한다 해도, 갑자기 제가 사장이 되면 현지 사원이 인정할 리 없잖습니까."

주눅 들지 않을 수 없었다. 제가 그럴 만한 그릇은 아니잖아요, 라고.

그러자 마루야마 씨는 "너는 항상 네가 있는 곳을 잘 관리하는 사람이니까, 미국인에게도 네 말은 먹혀"라고 했다. 그런 일은 없을 것이라고 반박하자 마루야마 씨는 이렇게 말했다.

"원래 소니뮤직은 젊은 녀석들에게 자꾸자꾸 새로운 일을 시키는 회사잖아. 그러니까 너도 해 봐."

그러고 보니 확실히 그렇다. 그것이 소니 본사와는 다른 소니뮤직, 아니 내가 입사했을 무렵의 CBS소니의 좋은 점이라고 스스로도 자부하고 있었다. 하지만 갑자기 사장이 되면, 뿔뿔이 흩어져 있는 저 조직을 정비할 자신이 없다.

"그럼 임시 면허는 어때요?"

이렇게 해서 나는 사장이 아니고 '직무 대리' 정도의 느낌으로 EVP Executive Vice President, 부사장 겸 COO Chief Operating Officer, 최고집행책임자를 맡게 되었다. 사장은 공석. 마루야마 씨는 그대로 회장직에 있었지만 예전과 같은 빈도로 포스터 시티에 올 일은 없다. 얼마 전까지 계장이었던 내가 '임시 면허' 신분이지만 실질적으로 SCEA의 경영을 맡게 된 것이다.

그런 나의 심장에 불을 붙인 것이 마루야마 씨에게서 들은 "히라이란 놈에게 SCEA를 맡기겠다고 이데이 씨에게도 이바 씨에게도 말해 두었으니까"라는 말이었다.

'뭐, 이데이 씨에게도 말해 버렸다고?'

이데이 씨는 소니의 총수고 이바 다모쓰 씨는 재무를 맡은 소니의 초대 CFO, 즉 최고재무책임자다. SCEA는 소니의 입장에서 보면 자회사인 SCE의 현지 법인 중 하나에 불과하지만, 플레이스테이션이 해외에서도 먹히는지의 시금석이라 할 수 있는 중요한 시장을 맡고 있다. 따지고 보면 사전에 이 두 사람의 양해를 구하는 것은 당연한 일이었다.

하지만 당시의 나는 경영자로서는 완전히 아마추어였다. 그 아마추어가 연달아 두 명의 사장이 교체된 지 얼마 안 된 조직의 지휘봉을 잡은 것이었다. 만약 마루야마 씨가 지명한 나까지 실패하면 마루야마 씨도 책임을 추궁 당할 거라는 건 말할 필요도 없는 일이다.

"네게 맡겼으니까."

마루야마 씨는 그렇게 말하고 정말로 SCEA의 경영을 나에게 맡겨 버렸다. 그 도량의 크기를 본 사람은 누구라도 기대에 부응하고 싶다고 생각할 것이다. 마루야마 씨가 내 마음의 스위치를 눌렀다. 나는 뉴욕의 자택을 정리하고 포스터 시티로 옮기기로 결심했다.

나는 '방향을 결정하는 것, 그리고 결정한 것에 책임을 지는 것'도 리더에게 필요한 자질이라고 생각한다. 이는 소니 사장이 된 뒤에도 늘 마음속에 품고 있던 신념이다. 바로 이 시절 마루야마 씨에게 배운 것이다.

마루야마 씨가 완전히 손을 뗀 것은 아니었다. 나도 자주 마루야마 씨에게 의견, 아니 이견을 구했다. 때로는 "나는, 그건, 아니라고 생각하지만 말야, 히라이 씨-잉" 하는 말투로 조언을 하였지만, 내가 결정한 일에는 일절 참견하지 않았다.

울음을 터뜨리는 사원

이렇게 갑자기 경영을 맡게 된 나는 SCEA의 상황이 생각보다 심각하다는 것을 곧 깨달았다.

애당초 나는 음악 업계에서 온 완전 문외한이다. 게다가 현지의 사원이 보면 도쿄의 뜻에 따라 낙하산을 타고 온 일본인이다. 결국 감시자 역할로 여길 것이다. 이미 몰려 있는 상황에서 타석에 세워졌음을 자각하지 않을 수 없었다.

나도 뉴욕에서 포스터 시티를 오갔기 때문에 현지 직원들과 서로 아는 사이긴 하다. 그렇기는 해도, 카즈* 히라이라고 하는 인간을 진정한 의미에서 알릴 필요가 있다. 그와 동시에 나도 다시 한번 그들이 어떤 마음으로 날마다 일하고 있는지 알아야 한다고 생각했다. 그러기 위해서는 일대일 미팅이 빠르고 무엇보다 확실하다. 나는 포스터 시티로 옮기자마자 실행에 옮겼다.

그러자 서서히 직원들의 속마음이 드러났다.

"플레이스테이션은 훌륭한 상품이라고 생각합니다. 하지만 이제 이런 회사에서는 일하고 싶지 않아요."

이렇게 말하며 울음을 터뜨리는 직원도 있었다. 무심코 테이블에 있던 휴지를 내밀었던 기억이 난다.

"여기는 스트레스가 너무 커."

"다들 하는 말이 서로 달라요."

특히 마음을 때린 말이 있다.

"나는 월급을 받고 매일 회사에 출근한다. 그렇기 때문에 주어진 일에 플러스가 되어 공헌하려고 생각하고 있다. 그런데 봉급을 더 받는 사람들이 이걸 막는다. 이를 방치하는 경영진이 더 문제다. 이런 환경은 견디기 어렵다."

• 우리말로 가즈오라고 표기하지만 실제 발음은 '카즈오'에 가까우며 영어권에서는 'Kazuo Hirai'가 아니라 'Kaz Hirai'로 알려져 있다.

그 말 그대로라고 인정하지 않을 수 없었다. 그 말 하나하나에 고개를 끄덕이며 귀를 기울였다. 말하다 보니 감정적으로 변하는 사람이 한둘이 아니었다. 어느 순간 '내가 심리치료사인가?' 하는 자조적인 생각도 들었다.

하지만 지금까지 소개한 목소리는 그나마 건설적인 부류에 속한다. 심지어 아무렇지 않게 동료를 팔아먹는 말이 오히려 더 많았다.

"그 녀석은 믿을 수 없어."

"나를 바이스 프레지던트로 만들어 준다면 카즈를 위해 일할 것을 약속한다. 다만 그 전에 이놈과 이놈을 해고했으면 좋겠다."

할 말을 잃는다는 것이 이럴 때 쓰는 말이겠다…. 이미 조직으로서는 기능을 다한 것인가. 수렁이다.

이렇게 된 데는 이유가 있었다. 실리콘밸리 스타일이라고도 말할 수 있겠는데 팀과 팀이, 아니면 같은 팀에서 사람과 사람이 항상 경합하는 철저한 경쟁주의다. 좋게 말하면 실력주의지만, 너무 심해져서 서로 발목을 잡고 끌어내리는 식이 되면 마이너스가 될 뿐이다.

고된 일이야말로 리더가 한다

그런 조직을 근본부터 바로 세우려면 무엇부터 손을 대야 좋을까. 졸지에 경영자가 된 나로서는 모든 것이 더듬거리듯 서툴렀다. 다만 한 가지 분명한 것은 직원들도 지적했듯이, 경영진의 팀워크를 단단히 하지 않으면 직원들에게 "이제 해 봅시다"라는 생각을 기대할 수 없다는 점이다.

그런 생각을 하고 있을 때 아무래도 피할 수 없는 일이 수면 위로 떠올랐다.

리더에게 가장 힘든 일 중 하나가 '졸업'을 선고하는 것이다. 여기서는 경영층의 정리 해고가 그 일이다. 즉, 회사를 그만두게 하는 것. 사원들이 "저 사람은 사내 정치만 하고 있다"라고 보는 사람을 회사에 남겨 두어 발목 잡는 상황을 방치해 버리면, 절대로 사원들이 안심하고 능력을 발휘할 수 있는 환경을 만들 수 없다.

게다가 전술한 대로 나는 이미 몰리고 있는 형편이었다. 여기서 방망이를 휘두르지 않으면 게임 끝이다. 싫은 일이라고 머뭇거릴 여유가 없다.

SCEA를 떠나게 된 사람에게는 분명하게 통보했다.

"자네와 이 회사의 인연은 여기서 끝이네. 사직하게. 오늘은 이제 이대로 돌아가도 좋아. 내일 아침 6시 이후에 회사에 나오면 경비원과 동행해서 사무실에 들어갈 수 있도록 해 놓았네. 개인 소지품만 챙겨서 갖고 돌아 가게."

비정한 선고다…. 이 선고는 인사부 등의 직원에게 맡기지 않고 반드시 내 자신이 했다. 해고를 통보할 상대와 일대일로 마주 앉아.

이것은 두고두고 내가 경영자로서 관철한 정책이다. 적어도 매니지먼트의 일원으로서 나보다 선배인 분에게는, 즉 경영진으로 나보다 오래 조직에 공헌해 온 사람에게는 직접 만나 일대일로 '졸업'을 재촉한다.

이유는 크게 두 가지다. 첫째, 무엇보다 회사에 공헌한 사람에 대한 경의를 표하기 위해서다. 그리고 둘째, 이런 내키지 않는 고된 일을 남에게 맡기는 리더에게는 사람이 따르지 않는다고 믿기 때문이다. 예를 들어 인사부 직원이 이런 일을 담당하게 되면 "히라이 씨는 좋을 때는 앞에 등장하려고 하면서, 싫은 일은 우리에게 시키는군요"라고 생각해 버린다. 그렇게 생각해 버리면 이제, 움직여 주지 않는다.

경영자가 되면 날마다 이런저런 판단을 요구받는다. 대개 정례화된 결재 같은 것도 있고, 매우 엄중한 판단, 아픔을 동반한 결단을 내리지 않으면 안 되는 일도 많다.

나의 경우를 요약해 보면, 이 SCEA를 시작으로 이후에는 도쿄의 SCE 본사, 그리고 소니라는 세 개의 무대에서 '경영 재건'이라고 하는 과제와 씨름하며, 그때마다 몇 가지 괴로운 결단을 내렸다.

SCEA 때는 아직 서툴렀지만, 이때에도 그리고 그 후에도 절대로 바꾸지 않았던 경영자로서의 대원칙이 있다. 그것은 어려운 판단이 될수록, 특히 마음이 아픈 판단이라면 그것만큼은, 경영자가 스스로 메시지를 전해야 한다는 것이다. 그런 장면에서 도망간다면 리더가 될 수 없다.

나는 자주 관리직 간부들에게 "만약 부하들이 선거를 한다고 해 봅시다. 당신은 당선될 자신이 있습니까?"라고 묻곤 했다. 물론 내 자신에게도 말이다.

소니는 쭉 연공서열적인 요소를 없애려고 노력해 온 회사지만, 그럼에도 역시 오랫동안 같은 부문이나 팀에서 재직한 사람이 승진하는 케이스가 많다. 그렇기 때문에 그 부문을 맡은 관리직, 즉 리더에게는 '과연 나는 부하로부터 선택받는 존재일까'라는 것을 항상 의식하며 자문해 주었으면 한다고 말해 왔다. 물론 부하에게 아첨하라는 것은 아니다.

되풀이해서 말하지만 리더에게 괴로운 판단, 남에게 미움받는 판단이 없을 수는 없다. 그런 상황에서도 나는 리더로 선택받는 존재일까. 리더는 부하들의 '표'를 얻어야 한다. 어려운 국면에서 도망치는 리더에게는 표가 모이지 않는다. 그러니 도망가는 모습을 보여서는 안 되는 것이다.

선배들에 대한 졸업 선고는 좋은 예라고 할 수 있다. 솔직히, 피할 수 있다면 하기 싫은 일이 적지 않다. 하지만 해야만 한다.

소니 사장이 된 뒤에도 그대로 실천했는데, 한 번은 이 일을 하느라 크게 고생한 적도 있다. 미국의 최고 경영진 한 분에게 졸업을 통보하기 위해 샌프란시스코에서 뉴욕으로 날아갈 예정이던 어느 날의 일이다.

그날은 눈보라가 몰아쳐 정기편은 거의 운행을 하지 않았다. 하지만 이 타이밍을 놓치면 그 사람이 출장을 떠나 버린다는 것을 알았고, 나도 다음에 언제 뉴욕에 갈 수 있을지 모른다. 그래서 나는 회사 비행기를 타고 뉴욕으로 향했는데, 아니나 다를까 급격한 난기류에 휘말려 비행기가 심하게 흔들렸다. 농담이 아니라 '이거 추락하는 거 아닌가' 싶을 정도였다.

창문으로 보이는 것은 짙은 구름뿐. 기내는 계속 덜컹거리며 흔들렸다. 그러다가 돌연 쿵 하는 소리와 함께 좌석에 충격이 전해졌다. 간신히 착륙한 모양이었다.

나는 지금까지 얼마나 많이 비행기를 탔는지 가늠도 못할 정도로 일 년 내내 지구 이곳저곳을 날아다녔다. 당연히 난기류에 휘말리는 일도 다반사였지만 진짜로 죽을 수도 있겠다고 생각한 것은 이때뿐이다. 나중에 조종사에게 말을 걸자 "그건 착륙이 아니라 컨트롤드 크래시Controlled crash"였다고 웃으며 말했는데, 지금 생각해도 섬뜩하다. 하지만 그렇게까지 해서라도 '졸업은 내가 통보한다'는 정책을 일관되게 지키고 싶었다.

단짝 파트너

—

팀을 만든다는 점에서 매우 행운이었던 일이 있다. 내가 뉴욕을 떠나 포스터 시티에 온 시점과 거의 같은 타이밍에 도쿄에서 부임한 앤드루 하우스 씨의 존재. 보통은 앤디라고 부른다. 나에게는 SCEA 재건이라는 업무를 하는 데 없어서는 안 되는 단짝 파트너였다.

앤디는 웨일스 출신으로 옥스퍼드대에서 영미문학을 공부했지만, 일본어도 매우 유창했다. 학창 시절에 '사막 한가운데서 화학 실험을 합니다'라는 구실로 스폰서를 모집해 자동차를 사고, 사하라 사막을 여행한 것이 계기가 되어 이문화에 관심을 가지게 되었다고 한다.

일본 정부의 국제 교류 프로그램에 응모해 센다이에서 영어를 가르치면서, 자신도 일본어를 배웠다. 그 후 소니에 입사해 홍보 담당으로 구타라기 씨 등의 플레이스테이션 계획에 참여하게 되었다. 플레이스테이션 발매와 SCE 설립을 알리는 보도 자료를 앤디가 썼다고 한다.

그 후에 소니에서 갓 출범한 SCE로 옮겨, 마케팅 담당 부사장으로 SCEA에 합류했다. 나중에 소니의 CEO가 된 하워드 스트링거 씨에게 능력을 인정받아 소니 전체의 마케팅 책임자가 되었고 2011년 내가 SCE 사장에서 소니 부사장으로 자리를 옮길 때, 내가 내 후임 SCE 사장으로 지명한 사람도 바로 앤디였다.

앤디 또한 직원들의 고민을 들어주는 것으로 일을 시작했다. 뉴욕에서 온 나와 도쿄에서 온 앤디가 지금까지의 사정을 아무것도 듣지 않은 채 갑자기 경영 개혁을 시작해 버리면, 원래 SCEA에 있던 직원들로서는 '뭐야, 이놈들'이란 기분일 것이다. 끈기 있게 사원의 이야기를 들으며 우선 현황을 파악하자고, 앤디와는 미리 이야기가 되어 있었다.

하루의 일이 끝나면 자주 앤디와 둘이서 "오늘은 이런 고민을 들었어" 하며 이야기를 나눴다. 둘의 대화는 상황에 따라 영어로 하기도 했고 일본어로 하기도 했다. 당시 나는 35세였고 앤디는 31세. 거기에 세일즈 전문가였던 잭 트레튼 씨도 가세해 심란한 의논을 거듭했던 기억이 난다.

돌이켜 보면 이 무렵에 나누던 대화는 전부 그날그날의 업무에 관한 것이었다. "장래에는 이런 식으로 게임 비즈니스를 전개하고 싶다"라는 먼 미래의 꿈이나 희망을 얘기했던 적은 별로 없었던 것 같다. 눈앞에 있는 혼란스럽고 피폐해진 조직을 바로 세우는 일이 선결 과제였기 때문이다. 어쨌든 "제대로 된 회사로 만들지 않으면 안 된다. 직원들이 자부심을 가질 수 있는 회사가 되어야 한다"는 얘기뿐이었다.

크리에이터 제일주의
—

경영팀이 단단해지고 거의 없던 것이나 다름없던 결재나 인사 시스템도 갖추어져 그럭저럭 '회사다운 회사'로 거듭나기 위한 첫발을 내디딘 SCEA. 가장 중요한 게임 부문의 매출은 최고조였다. 이 기세를 어떻게 몰아갈까.

처음부터 '크리에이터 퍼스트'라는 방침을 세웠다. 플레이스테이션은 구타라기 씨 등이 고집스레 만들어 낸 훌륭한 하드웨어다. 게임에 어두웠던 나조차 리지 레이서 하나로 그 가능성을 확신할 정도였다.

하지만 그렇다 해도 게임 비즈니스의 성패는 하드웨어의 성능만으로 결정되지 않는다. 뛰어난 소프트웨어가 필요하다. 그래서 게임을 만드는 크리에이터들이 활동하기 쉬운 환경을 조성해, 무엇보다 '플레이스테이션용으로 게임을 만들고 싶다', '플레이스테이션이라면 우리의 세계관을 보다 잘 표현할 수 있을 것 같다'는 마음을 먹게 하는 것이, 성공으로 향하는 첫걸음이라고 생각했다.

음악 업계에 있던 나로서는 당연한 발상이다.

말할 것도 없이 음악 세계에서는 예술가에 의한 창조가 모든 것의 시작이다. 모든 것은 훌륭한 곡의 탄생으로부터 시작된다. 그다음에 아티스트의 곡이나 개성을 어떻게 세상에 알리고 널리 퍼지게 하는가가 우리의 일이 된다. '아티스트 퍼스트'다. 게임의 세계도 이와 비슷하다.

다만 그 당시 나는 음악과 게임만을 경험했기에 잘 몰랐지만, 소니 본체의 대들보인 전자 부문에서 보면 어떤 의미에서 이질적인 비즈니스 모델이었을 것이다.

TV나 오디오 같은 제품의 판매량은 역시 품질이 결정한다. 얼마나 아름다운 화면을 만들 수 있을까. 마치 눈앞에서 아티스트가 연주하는 듯한 소리를 어떻게 해야 재현할 수 있을까. 이런 걸 끝까지 추구한다.

훌륭한 제품을 만들기 위해서는 부품 메이커 등 사외의 지혜도 물론 필요하다. 그러나 차별화에 필요한 노하우는 소니 내부의 연구소나 개발 현장에 축적되어 있다.

음악이나 게임은 다르다. 훌륭한 게임이나 곡이 없으면 시작할 수 없다. 회사 밖의 아티스트나 크리에이터가 그것을 만들어 주지 않으면 시작할 수 없다. 그것이 없으면 최신의 테크놀로지를 집어넣은 게임기도 그저 상자에 불과하다.

여기에는 소니 고유의 사정도 있다. 가정용 게임기 시장을 연 닌텐도는 자사에서도 소프트웨어를 잇달아 만들어 내고 있었다. 지금까지 닌텐도의 '얼굴'로 있는 슈퍼마리오 브라더스가 대표적인 예다. 닌텐도는 자사 스스로 히트작을 세상에 내놓는 한편, '서드 파티Third party'로 불리는 외부 회사에 콘텐츠 개발의 문호를 열어 이들을 패미컴의 세계로 끌어들였다. 이것이 패미컴의 대성공을 가능하게 했다.

이는 훨씬 후대의 스마트폰과 비슷하다. 스마트폰은 언제 어디서나 인터넷에 접속할 수 있다는 편리함도 좋지만, 다종 다양한 앱을 모으는 플랫폼을 만들어 낸 것, 다른 말로 하면 서드 파티와의 에코 시스템을 구축한 것이 성공으로 연결되었다.

다시 게임으로 돌아가서, 후발 주자인 소니는 애초에 게임 개발사인 이른바 디벨로퍼Developer로서는 닌텐도나 세가만큼의 힘을 가지고 있지 못했다. 서드 파티가 플레이스테이션이라고 하는 한 지붕 아래에 얼마나 들어와 재미있는 게임을 만들어 줄 수 있을지가 생명선이었다.

이런 연유로 디벨로퍼나 크리에이터들이 모이는 이벤트 등에서는 특히 '크리에이터 퍼스트'나 '서드 파티 퍼스트'라는 메세지를 반복해서 발신해 왔다.

이는 SCE 전체의 전략에 관련된 것이므로, 미국 현지법인인 SCEA 혼자서는 할 수 있는 일이 있는 한편 할 수 없는 일도 있다. 하지만 SCEA가 무엇을 할 수 있는가는 확실히 전해야 한다고 생각하고 있었다.

수익의 분배뿐만이 아니라, 고객이 어떤 게임을 원하고 있는지, 우리가 플레이스테이션으로 구축하려는 세계관은 어떤 것인지 등에 입각해서 개발자들이 창의력을 발휘할 수 있는 메커니즘을 만들지 않으면, 이 시장에서 싸울 수 없다.

그래서 조심한 게 독점Exclusive, 익스클루시브 계약이었다. 플레이스테이션만을 위한 게임을 만들게 하기 위해서는 개발자에게 상응하는 독점 사용료를 지불해야 한다. 독점 계약에 의해서 '이거다'라고 생각되는 인기작을 플레이스테이션에서만 즐길 수 있게 되면 기기의 매출 증가로 직결되기 때문에, 우리에게도 중요한 계약이다.

그런데 여기에는 함정이 있다.

어느 개발 회사와 독점 계약을 맺는다고 하자. 그 회사의 경영자는 좋을 것이다. SCE로부터 안정적인 수익을 약속받기 때문이다. 하지만 그 회사에서 일하는 크리에이터는 어떻게 받아들일까. 회사가 돈을 버는 것은 좋은 일일지 모르지만, 그들은 자신이 만든 게임을 가능한 한 많은 사람들이 다양한 게임기로 플레이하기를 원한다. 아티스트가 자신의 곡을 되도록 많은 사람들이 들어 주길 바라는 것과 같다.

그렇기 때문에 재미있는 게임을 독점하려고 안이하게 독점 계약을 남발해 버리면, 점차 크리에이터들의 외면을 받게 된다…. 그렇게 되면 본전도 찾을 수 없다.

앤디를 비롯한 동료들과도 자주 이런 점을 의논했다.

양보다 질

—

크리에이터들은 무엇을 원하는가. SCEA는 그들을 위해 무엇을 할 수 있는가. 가능한 한 거래처의 개발자 크리에이터들과 "당신을 서포트하기 위해서 이러한 계약을 하고 싶다. 당신을 위해 우리는 이런 일을 할 수 있다"는 식으로 소통하려고 노력했다. 물론 안 되는 것은 안 된다고 솔직하게 말하는 것도 중요하다.

또 하나, 우리의 중요한 방침은 '양보다 질'의 노선을 분명히 하는 것이었다. 구타라기 씨가 이끄는 도쿄의 SCE 본사와는 확연히 다른 전략이었다.

단적으로 말해 도쿄는 '게임의 라인업은 많으면 많을수록 좋다'라는 방침이었다. 어쨌든 SCE는 게임 시장에 뛰어든 지 얼마 안 된 후발 주자다. 당시 일본 게임 시장에서 사용한 광고 카피는 '모든 게임은 여기에 모인다'라는 것이었다. 그리고 유저에게 있어서도 선택할 수 있는 게임이 많아지는 것은 환영할 일이다.

반면 지루한 게임을 구입했다가 실망하면 본전도 못 찾는다는 게 우리의 생각이었다. 물론 최종적으로 어떤 게임이 인기가 있을지는 일본과 미국 유저의 취향에서 차이가 있으리라 생각한다. 단지 잇달아 개발자가 만들어 오는 게임 중에는 '이건 좀…' 싶은 수준의 게임도 섞여 있던 것이 사실이다.

우리는 비록 기술적으로는 SCE의 기준을 충족하더라도 우리들이 지루하다고 판단한 게임에 대해서는 허가하지 않는다는 방침을 고수했다. 이렇게 되자 개발자로부터 "도쿄의

SCE 본사는 허가를 했는데 왜 미국은 안 되느냐"며 항의를 받는 경우도 빈번했다. 주로 일본 개발업자의 항의가 많았다. 그러자 도쿄의 SCE 본사로부터도 클레임을 받았다. "또 히라이 그룹이 태클을 걸고 있는 것 같은데"라고 말이다 .

여기에는 일본과 미국 매장 사정의 차이도 있다. 일본에서는 거대한 가전 양판점이나 PC 매장에서 큰 공간을 할애받는 것이 그리 어렵지 않다. 게다가 당시의 일본에는 패미컴 시대에 생긴 거리의 작은 게임방도 여전히 많았다.

이에 비해 미국에는 일본만큼 큰 가전 양판점이 별로 없었다. 베스트바이 정도일까. 나머지는 월마트나 타겟, 시어스 Shears라고 하는 가전에서부터 생활용품, 신선 식품까지 취급하는 대형 할인점에서 팔 수밖에 없었다. 그때 아마존은 아직 게임을 취급하지 않았다.

아무래도 게임을 늘어놓는 매장의 면적이 제한적인 것이다. 거기에 옥석이 섞여 있으면 유저도 당황스러울 것이다.

어느 게임을 허가Approval, 어프로벌할 것인가, SCEA 매니지먼트 팀에서 머리를 쥐어짜며 고민했다.

성장한 '어린이 밴드'

—

이렇게 해서 미국에서도 플레이스테이션 비즈니스가 궤도에 올랐지만, 도쿄에 있는 구타라기 씨로부터는 "너희들은 어린이 밴드구나"라는 말을 자주 들었다. 우지키 쓰요시의 '어린이 밴드*'를 빗댄 농담이었겠지만, 아마 정말로 그렇게 보였을 것이다. 우리가 포스터 시티에 모였을 무렵 나와 잭은 35세, 앤디는 31세였다. 나보다 열 살 연상에, 벌써 플레이스테이션 개발이나 SCE 발족이라고 하는 큰일을 해내고 있던 구타라기 씨 입장에서 보면, 확실히 '어린이 밴드'로 보였을 것이다. 사실 1996년에 마루야마 씨로부터 SCEA의 EVP겸 COO 임명장을 받은 직후에는, 안개 속이라는 말이 딱 맞을 정도로 어두운 터널 안에서 발버둥치고 있었다는 것이 솔직한 심정이다.

도쿄의 시선이 조금씩 바뀌고 있다고 느낀 건 1998년 무렵의 일이다. 그해 SCE는 기록적인 이익을 냈다. 이듬해인 1999년 4월에 발표된 1998년도 결산에서 SCE 게임 부문 영업이익은 1,365억 엔이었다. 전년도와 비교해서 약 17%의 이

• 1980년대에 활동한 일본의 록밴드

왼쪽부터 차례대로 필자와 앤디, 구타라기 씨

익 증가다. 물론 SCEA도 여기에 기여했다. 이때서야 드디어 SCE 정식 회원이 되었다는 기분이 들었다.

소니 전체로 보면 '본류'인 전자의 영업이익은 약 59% 감소한 1,298억 엔. 모두가 소니의 기둥으로 여겼던 전자를 드디어 게임이 제친 것이다.

당시 소니 사장이었던 이데이 노부유키 씨는 애널리스트에게 자주 "게임도 전자다"라고 말했다는데, 우리는 "게임은 게임, 플레이스테이션은 플레이스테이션"이란 생각이었다.

결산 보고 후인 6월인가 7월에 도쿄에 전 세계에서 간부가 모이는 매니지먼트 미팅이 열리기로 되어 있었다. 나는 함께 참석하는 미국인 간부들에게 "알겠나. 이럴 때일수록 잘난 척하면 절대 안 돼"라고 못을 박았다. 성과는 숫자로 보이면 된다. 우쭐해져서 괜히 반감을 살 필요는 없다.

"트럭이 지나갈 정도의 구멍은 만들지 마라."

나는 자주 이런 식으로 말한다. '벼는 여물수록 고개를 숙인다'라는 말도 있지만, 트럭이 지나갈 수 있을 정도의 구멍이 뚫리면 그보다 작은 자동차가 연달아 지나가면서 길이 생긴다. 거기에 길을 만들고 싶지 않다 하더라도. 즉, 안이하게 틈을 만들지 말고 방비를 굳히라는 것이다.

일이 순조롭게 풀릴수록 그런 법이다. 호사다마라는 말도 있지만, 좋을 때는 실패의 함정이 도사리고 있음을 깨닫지 못한다.

그리고 이후에 우리는 그것을 뼈저리게 깨닫게 된다.

—

제 3 장

"소니를 망칠 작정인가!"

소니컴퓨터엔터테인먼트로 기록적인 이익을 냈고, 도쿄의 매니지먼트 미팅에서도 동료들에게는 "잘난 척은 안 돼"라고 하면서도, 솔직히 의기양양해 있었다. 나만의 힘은 아니었지만 엉망이던 조직을 어찌어찌 추슬러 팀으로서 성과도 올렸으니 나름 성취감이 있었던 게 사실이다. 드디어 안개 속을 빠져나온 기분이었다. 도쿄 SCE의 사장 구타라기 켄 씨로부터 뜻밖의 전화가 걸려 온 것이 바로 그 무렵이다.

"SCE에는 해외 부임자가 없어. 자네는 소니뮤직에서 파견된 사람인데 게다가 미국에 부임해 있다는 건 어떻게 된 일인지. 좀 꺼림한데."

퇴로를 끊다

—

소니뮤직의 뉴욕주재원으로 파견되었던 내가 엉뚱하게도 SCEA의 일을 돕게 되어, 소니뮤직 소속인 채로 소니컴퓨터엔 터테인먼트아메리카가 있는 서해안의 포스터 시티로 옮긴 것은 앞에서 말한 그대로이다.

나를 플레이스테이션 비즈니스에 끌어들인 마루야마 시게오 씨로부터 SCEA의 사장을 제안받았을 때 '임시'라는 조건으로 EVP 겸 COO에 취임했다. 그래도 확실히 본 소속은 아직 소니뮤직인 채였다. 지금까지 누구로부터도 지적받지 않았지만 무슨 바람이 불었는지 구타라기 씨가 돌연 이 점을 상기시켰다.

게다가 구타라기 씨는 "오가 씨가 그렇게 말하고 있기 때문에"라고 했다. 오가 씨는 이때 소니의 회장이었다. 즉, 소니그룹 전체의 최고 실력자다. 포스터 시티에 있는 내 신분이 주재원인지 파견인지 정도의 사소한 일에 관심이 있다고 하니 선뜻 믿기 어려웠다. 필시 구타라기 씨에게 뭔가 생각이 있어서였을 것이다. 그 말을 듣고 보니, 나도 내 입장이 불편하게 느껴졌다.

SCEA의 매니지먼트 체제를 정돈하고, 엉망이던 조직을 어찌어찌 정비하기는 했다. 플레이스테이션이 기록적인 이익을 냈다는 사실은 앞서 말했지만, 이는 게임기 판매도 판매지만 소프트웨어 수익이 견인하고 있었다. 당연히 '소프트 중시'인 우리의 전략도 상당히 공헌하고 있었다. 어두운 터널을 빠져나와 팀원 누구나 실감할 수 있는 성과를 거둔 것이다. 이렇게 되면 팀은 점점 일체감을 갖게 된다.

다만 실질적으로 팀의 수장이었던 내가 소니뮤직에서 온 파견자라는 것은 확실히 문제다. 플레이스테이션 사업도 SCEA도 잘 돌아가는 동안에는 별 문제가 없을지 모른다. 하지만 만약 한 번 좌초하는 일이 생기면 어떻게 될까.

SCEA에서 최종 판단을 내리고 책임을 지는 입장에 있는 것은 나인데, 그런 내가 파견되어 온 사람이다.

팀원들이 입 밖에 내지는 않지만 '만약 실패하면 우리는 해고된다. 그렇지만 카즈는 파견되어 왔으니까 어차피 또 뉴욕이나 도쿄로 돌아갈 뿐이잖아'라고 생각할 것이다. 그것이 인간이라는 존재 아닌가.

이젠 이미 '임시'도 아니다.

여기서 퇴로를 끊지 않으면 리더의 자격이 없다고 각오를 다졌다. 정확히 말하면 내심 이미 퇴로를 차단할 작정을 하고 있었다. 이 당시에 이미 소니뮤직으로 돌아간다는 선택지는 내게 없다고 생각하고 있었기 때문이다. 하지만 직원들은 그렇게 생각하지 않는다. 스스로 행동으로 옮겨 직원들도 알 수 있도록 결의를 보여야 한다.

이렇게 해서 나는 소니뮤직을 퇴사하고 적을 옮기기로 했다. SCE로 옮긴 것은 아니다. SCEA로 이적했다. 이제 실패하면 나도 잘린다.

이적을 했다고 해서 갑자기 눈에 띄게 달라진 것은 딱히 없었다. 어제까지와 마찬가지로 포스터 시티 직장에 나가 똑같이 일을 했다. 이적했다고 현지 멤버들에게 새삼 환영의 박수를 받은 것도 아니었다. 다만 내 의도는 확실히 전달되었다고 생각했다. 'SCEA의 카즈'가 되고 나서 더욱 팀으로서의 일체감을 느끼게 되어, 진정한 의미에서 팀의 일원이 되었다고 실감할 수 있었다.

현지 사원들은 종종 도쿄의 SCE 본사를 가리켜 "본사 놈들은…"이라고 말했는데, 어느새 나도 "본사 놈들은…"이라는 말을 쓰고 있었다.

그리고 나는 1999년 4월 SCEA의 사장 겸 COO로 취임했다. 3년간의 임시 면허를 졸업한 것이다.

오토 파일럿

—

그리고는 좋지도 나쁘지도 않은 순조로운 나날이었다. 플레이스테이션은 게임기로는 처음으로 누계 판매 대수 1억 대를 넘는 대히트를 쳤고, 2000년에 발매한 플레이스테이션2는 그 이상으로 불티나게 팔려 나갔다. 결국 누계 1억 5000만 대를 돌파해, 이 책의 집필 시점을 기준으로 하면 역사상 가장 많이 팔린 게임기가 됐다. 참고로 누계 1억 대를 넘긴 게임기는 지금까지 초대와 2대째의 플레이스테이션, 그리고 플레이스테이션4뿐이다.•

SCE로서는 그야말로 나는 새도 떨어뜨릴 기세였다. "차라리 SCE가 소니를 인수하는 게 어떻겠느냐"는 기세등등한 말까지 들렸다.

그런데 왜 '좋지도 나쁘지도 않다'라고 하느냐면, 이 즈음에 SCEA는 팀 체제가 군건해져 저절로 잘 돌아가는 조직이 되어 있었는데 그런 면에서 개인적으로 조금 허전한 기분을

• 2022년 시점에서는 닌텐도wii, 닌텐도스위치 등도 누적 판매 1억 대를 돌파했다. 그러나 1억 5,000만 대를 돌파한 가정용 게임기는 플레이스테이션2가 유일하다. 플레이스테이션1, 플레이스테이션4, 닌텐도wii, 닌텐도스위치의 판매 대수는 각각 1억 대를 조금 넘는 수준인 것으로 파악된다.

느꼈기 때문이다.

팀으로 성과를 내고 있기 때문에, 내가 지시를 내리기도 전에 '카즈라면 이렇게 생각할 것이다'라고 미리 헤아려 사전에 움직여 준다. 팀원들이 프로답게 제 역할을 해 주고 있기 때문에 맡겨 두어도 아무런 문제가 없다.

확실히 조직으로는 이상적인 형태다. 그런 조직을 만들지 않으면 안 된다는 생각으로 이런 저런 대책을 강구해 왔다. 단지, 막상 팀이 제 기능을 하기 시작하면 리더로서는 조금 허전한 기분을 느끼게 된다. 사치스러운 고민이라고 하면 그만이지만….

나는 이런 상태를 비행기의 컴퓨터 제어 비행에 비유해 '오토 파일럿 상태'라고 한다. 당시의 SCEA가 바로 오토 파일럿 상태였다. 플레이스테이션2는 만들면 만들수록 잘 팔려 "다음 번 출하일은 언제 언제니까, 그때까지만 기다려 주세요"라고 판매점에 사과하러 다니는 게 세일즈 팀의 일이던 시절도 있었다. 게임 크리에이터를 포함한 외부 개발자들과의 연계도 별문제 없이 진행되고 있었다.

SCEA는 사장인 내가 어느 정도 조종간에서 손을 떼고 있어도 정확하게 항로를 날아가는 오토 파일럿 상태에 들어가 있었다.

이런 상태가 그 후 몇 년간 지속되었다. 경영자에게는 바람직한 일인지도 모른다. 하지만 어딘가 변화를 갈구하는 마음이 존재한다는 것을 느끼지 않을 수 없는 나날이었다.

소니의 곤경

—

그사이 소니를 둘러싼 환경이 크게 변했다.

매출액의 60%를 차지하고 있는 전자 부문의 침체가 서서히 분명해져, 영업이익과 순이익 모두 1997년을 정점으로 천천히 줄어들기 시작했다. 피크 때 5,000억 엔을 넘던 영업이익이 2003년에는 1,000억 엔 밑으로 떨어졌다.

소니는 아날로그 시대 가전으로는 반박의 여지없이 세계의 정점에 위치해 있었다고 생각한다. 세계 최소, 최경량이라는, 세상을 깜짝 놀라게 하는 제품을 내놓으며 급성장을 거듭했다.

여담이지만 실은 나 역시 어릴 적부터 소니 제품의 광팬이어서, 소비자 입장에서 그 대단함을 실감하고 있었다. 은행원이었던 아버지도 소니의 팬이었던 듯 내가 어렸을 때부터 집에는 소니 제품이 넘쳐났다. 특히 기억에 남는 것은 화면 크기가 5인치인 초소형 마이크로TV 'TV5-303'이다. 무려 손바닥에 올려 놓고 옮길 수 있는 텔레비전이, 내가 태어난 지 얼마 안 된 1962년에 팔리고 있었다.

"어떻게 하면 이렇게 작은 화면에 TV가 나오지?"

어린 마음에 감동했던 것을 지금도 기억한다. 참고로 나는 소니의 사장으로 취임하고 얼마 지나지 않아 그룹이 목표로 해야 할 방향으로 '감동'을 내세웠다. 사람의 마음에 감동을 전할 수 있는 제품과 서비스야말로 소니가 만들어 내야 하는 것들이라는 뜻이다.

지금 생각해도 확실히 그 5인치 TV는 감동 그 자체였다. 소니의 역사에 남는 걸작이라고 해도 좋을 것이다.

TV5의 한 단계 전 모델인 8인치 'TV8-301'은 소니가 만든 첫 TV다. 대출력 트랜지스터를 사용한 텔레비전 개발은 공동 창업자인 이부카 씨가 "정월에 꾼 꿈이다"라고 말하면서 씨름했던 사업이라고 한다.

이렇게 해서 태어난 작은 TV 시제품을 미국에서 온 어느 TV 제조 업체의 시장 조사원에게 보여 주자 "실패할 겁니다"라고 평했다지만, 결과는 대성공이었다.

이부카 씨는 시장 조사만 보고 제품을 만드는 것이 아니라, 스스로 시장을 만들어 내는 '마켓 크리에이션'이란 신념으로 차례차례 새로운 것을 계속해서 만들어 갔다. 소비자의 소리를 무시하라는 것이 아니다. 소비자의 기대치를 압도적으로 뛰어넘는 것을, 소비자가 상상조차 하지 못한 새로운 것을 만들어 내라는 뜻이다.

이렇게 해서 태어난 'TV8'의 후계인 'TV5'가 나에게는 '소니와의 첫 만남'이었다. 그리고 이 마이크로TV가 뉴욕에서 공개되자 "트랜지스터가 텔레비전을 바꾸다"라는 카피와 함께, 전미에서 폭발적인 인기를 얻었다고 한다. 소니의 발자취나 반도체의 역사를 말할 때 반드시 등장하는 에피소드다.

소니 제품에 대한 팬심을 말하기 시작하면 지면이 아무리 많아도 부족하게 될 테니, 이제 원래 하던 얘기로 돌아가자. 안타깝게도 소니는 2000년대에 들어서면서 가진 힘을 발휘하지 못하는 회사가 되어 버렸다.

실은 나중에 SCE와 소니 본사 일을 겸임하면서 깨달은 것이지만 소니는 결코 힘을 잃은 게 아니었다. 직원들이 자신감을 잃은 듯 보였지만, 그 이면에는 열정의 마그마가 부글부글 끓고 있었다. 다만 당시에는 그 마그마가 눈에 보이는 형태로 분출되지 않고 연기만 내고 있었을 뿐이다.

21세기로 시대가 바뀌자 가전 세계에 순식간에 디지털화의 물결이 밀어닥쳤다. 이른바 디지털 가전 시대가 도래한 것이다. TV는 브라운관에서 액정이나 플라스마로 바뀌었고, 카메라는 필름 카메라에서 디지털카메라로, 비디오도 자기 테이프에서 DVD 혹은 블루레이로 바뀌었다.

소니도 TV 브랜드를 WEGA베가에서 BRAVIA브라비아로 바꾸며 디지털 가전의 선두에 서려 했지만, 새롭게 부상한 삼성 등 한국 업체들과의 치열한 경쟁에 맞닥뜨려야 했다. 기다리고 있던 것은 격렬한 범용화의 파도, 그리고 그것은 처절한 가격 인하 경쟁을 의미했다.

소니의 침체를 실감시킨 일이 2003년 4월 24일에 일어난 이른바 '소니 쇼크'일 것이다. 소니가 2002년도 결산을 발표한 날이다. 여타 전기전자 대기업의 실적이 부진한 가운데, 소니의 영업이익은 전년도에 비해 약 38% 증가한 1,854억 엔이었다. 그렇게 나쁜 수치는 아니었지만 소니가 스스로 제시했던 영업이익 전망치보다 1,000억 엔이나 낮았기 때문에 매도 주문이 쏟아지면서 주가가 2거래일 연속 하한가를 기록했다. 연쇄적으로 일본 주식 전체에 매도 주문이 쇄도해 닛케이 평균 주가가 버블 후 최저를 기록했고, 그로 인해 소니 쇼크라고 하는 달갑지 않은 이름을 얻었다.

물론 '시장과의 소통'에 문제가 있었다고 생각하지만, 디지털 가전에서 타사와 차이를 보이는, 눈에 띄는 상품을 좀처럼 만들어 내지 못하고 있던 것 또한 사실이다. 내가 어린 시절 느꼈던 것처럼 '역시 소니는 다른 걸' 하게 만드는 물건이 나오지 않았다. 고객이나 시장의 높은 기대치에 부응하고 있었는가 하면, 유감스럽게도 그렇지 못했다.

시대가 변해도 '소니다운 상품', 소비자에게 감동을 줄 수 있는 상품을 요구받는 것이 소니의 숙명일지도 모른다. "지금의 소니는 그 기대에 부응하지 못하고 있지 않은가." 그렇게 따가운 시선을 받고 있었던 것이, 소니 쇼크의 원인이 된 것은 아닐까.

새로운 라이벌

—

그리고 소니의 라이벌은 한국 기업만이 아니었다. '워크맨의 소니'를 뿌리 째 흔드는 이노베이션이 미국에서 불어닥쳤다. 애플이 2001년 출시한 음악 플레이어 '아이팟iPod'이다. 애플은 콘텐츠를 전달하는 플랫폼으로 변신한 후, 2007년에 아이폰iPhone을 발매하면서 지금의 형태로 진화해 왔다.

애플 CEO 스티브 잡스는 '전화의 새로운 발명'이라며, 아이폰을 선보인 날 사명인 애플컴퓨터에서 컴퓨터를 삭제했다. 이제 PC를 팔던 애플의 사업은 과거일 뿐이라는 선언이었다.

음악을 전달하는 아이튠즈iTunes에서 시작된 애플의 플랫폼형 비즈니스는 무수한 앱을 낳는 에코 시스템의 구축으로 이어졌다.

"소니는 왜 아이팟을 만들어 내지 못했느냐"는 취지의 비판을 자주 받았다. 당시 소니 CEO였던 이데이 노부유키 씨가 일찍부터 "인터넷은 비즈니스계에 떨어진 운석이다"라며 디지털 시대의 도래를 반복해 주창하던 것을 기억한다. '디지털 드림 키즈'라는 카피가 꽤 알려졌었는데, 아날로그에서 디지털로 급속히 변화하는 시대의 풍랑을 일찌감치 눈치채고 있었던 분이다.

실제로 소니는 애플에 앞서 1999년에 인터넷을 통한 음악 전송을 예견한 '메모리 스틱 워크맨'을 발표한 바 있다. 새로운 이노베이션의 도래를 예견하고 있던 이데이 씨는 저서《망설임과 결단迷いと決断》에서 그런데도 애플의 대두를 방치한 것이 "분하기 그지없는 일"이라고 회상한다. 그러나 실은 하드와 소프트 양쪽 모두에서 일거에 혁신적인 서비스를 내놓은 잡스 씨가 대단한 거였다.

한편, 나도 음악 업계 출신이었기 때문에 아이튠즈의 등장에 주목은 하고 있었지만, 일찍이 미국에 출현한 냅스터를 아이튠즈보다 더 큰 위협이라고 생각하고 있었다. 냅스터는 데이터를 공유하는 파일을 사용해 저작권을 무시하고 음악을 다운로드한다. 결국 냅스터는 업계 단체로부터 소송을 당해 패소했다. 한편, 일본 미디어가 '음악 업계의 흑선●'으로 본 아이튠즈는 서비스에 비용을 부과하는 모델이다. 오히려 냅스터가 마구잡이로 휘젓고 다닌 시장에 질서를 세우는 존재로 보았다.

귀재, 구타라기 켄

—

지금까지는 소니의 기둥인 전자 부문의 부진에 관한 얘기였다. SCEA에서 오토 파일럿 상태의 경영을 하고 있던 나는 강 건너 불 같은 일로 여겼는데, 그렇게만 볼 수가 없는 일이 일어났다.

2006년 11월에 발매한 플레이스테이션3가 문제였다. 플레이스테이션3에는 나의 상사이자 '플레이스테이션의 아버지'인 구타라기 켄 씨가 그린 장대한 구상이 가득 차 있었다. 구타라기 씨의 뜻이 담긴 반도체 'Cell Broadband Enginecell'이 핵심이다. Cell은 2000년대 초반 소니, 도시바, IBM 3사 연합으

———

● '검은 함선'이라는 뜻이지만, 여기서는 1850년대 일본에 내항해 일본의 개항을 촉발한 미국 함선을 의미한다.

로 개발을 추진했던 차세대형 반도체다.

압도적인 능력을 우선은 플레이스테이션3에 쏟아붓고, 텔레비전 등의 가전으로 넓혀 간다. 그리고 마지막에는 소니의 디지털 전환을 실현한다….

반도체 연구자였던 구타라기 씨의 야망을 결집시킨 거대한 구상을 향해 SCE가 돌진했다. 거기에 소니그룹 전체가 휩쓸렸다. 지금 생각해도 야심 찬 프로젝트였다. 과연 소니다운 그 의기에 'NO'라고는 말하고 싶지 않지만, 만약 내가 당시 소니의 CEO였다면 분명 'NO'라고 말했을 것이다.

거기서 우리를 기다리고 있던 것은 플레이스테이션2의 거침없던 진격이 거짓말로 보일 정도로 힘든 고난의 연속이었다. 그리고 나는 두 번째 경영 재건에 나서게 된다. SCE의 상태는 오토 파일럿 경영을 하기에는 뭔가 조금 부족한 정도가 아니었다. 나는 다시 시련에 직면하게 되는데, 지금 돌이켜 보면 이때의 경험 또한 경영자에게 반드시 필요한 양식이 되었다.

내 경험으로 넘어가기 전에, 구타라기 씨에 대해 조금 말할까 한다. 나는 이 책에서 구타라기 씨를 '귀재'라고 표현했는데, 정말로 그 말 그대로인 사람이라고 생각한다. 구타라기 씨는 어떤 인물인가. 이 질문에 나는 이렇게 대답한다.

"연구자, 안트러프러너Entrepreneur, 프로덕트 플래너, 경영자, 마케터, 크리에이터…. 그 전부를 겸비한 사람. 그 모든 일에 철저하게 집착하는 사람. 단순한 고집이 아니라, 어느 각도에서 보나 완벽을 추구하는 사람."

이런 사람을 만나는 것은 결코 쉽지 않다고 단언할 수 있다. 완고하다고 할 정도로 자신의 이상이나 비전을 쫓는다. 그 집념의 무시무시함, 그 에너지의 대단함은 그 어디서도 비슷한 예를 찾을 수 없다.

예를 들어 PlayStation이나 PS2 로고의 P자 모양 하나를 봐도 몇 번이나 디자이너들에게 퇴짜를 놓았을까 싶지만, 그건 소비자의 눈에 띄는 로고니까 이해할 수 있다. 내가 놀란 것은 플레이스테이션3의 본체 내부 디자인이다. 기계의 내부이므로 소비자의 눈에 띄지 않는다.

본체 뚜껑을 벗기면 「Sony Computer Entertainment Inc.」라고 하는 사명을 확인할 수 있는데, 구타라기 씨는 이 디자인을 완성하기까지 도대체 몇 번이나 퇴짜를 놓았는가.

그 뿐이라면 몰라도 냉각팬의 디자인 하나까지 납득이 될 때까지 고치고 또 고친다. 구타라기 씨의 미학에 합격할 때까지 몇 번이라도…. 결코 소비자의 눈에 띄지 않는 부분의 디자인에서도 절대 대충하는 법이 없다. 설계자들이 참기만 한 건 아니겠지만 구타라기 씨에게 타협이란 없다.

소니에 관해 전해 내려오는 이야기 중에는 포터블 오디오와 비디오카메라의 개발 비화가 있다. 물을 채운 통에 시제품을 넣으면 부글부글 거품이 나온다. 그걸 보고 "아직 여분의 공간이 있잖아!"라며 한계까지 소형화에 매달렸다는 얘기다. 구타라기 씨의 집념은 이 이야기를 생각나게 한다. 이렇게까지 하지 않으면 세상의 상식을 바꾸는 상품이 태어날 수 없는 것인가, 하는 생각이 들었다.

지금까지의 일화로도 충분히 대단하다고 생각하지만 내친김에 하나 더 말한다. 내가 구타라기 씨의 철저함에 놀란 에피소드가 있다. 도쿄 아오야마 SCE 본사의 자동판매기에 관한 일이다. 각 층의 설치 공간에 막상 자판기를 놓고 보면 왜 그런지 자판기가 쏙 들어갈 만큼 공간이 충분하지 않았다. 실제로 자판기를 설치하면 공간의 깊이가 부족해서 전면이 조금 비어져 나온다.

자판기는 각 층의 구석진 공간에 놓인다. 거기서 조금 비어져 나온다 해도 아무도 개의치 않는다. 하지만 구타라기 씨는 그것에 화를 냈다. 사원들이 창의력을 발휘해야 할 장소인 오피스에서, 비어져 나온 자판기의 존재는 구타라기 씨의 미의식이 허락할 수 없는 것이었다. 그런 게 거기에 있는 것을 절대로 인정할 수 없는 것이다. 결국 제작사에 부탁해 치수가 작은 자판기를 특별 주문으로 다시 만들었다고 한다. 농담 같은 얘기지만 어쨌든 하나를 보면 열을 안다고, 그렇게까지 철저하게 고집을 관철시키는 사람이 구타라기 씨였다. 사람들이 '뭐 이 정도면야'라고 생각하는, 아주 약간의 위화감을 결코 간과하지 않았다.

만사가 이런 식이었다. 부하에게는 꽤 힘든 상사지만 그 에너지와 열정은 누구나 인정하는 바다. 나는 자주 "구타라기 씨는 조령모개朝令暮改가 아니라 조령조개朝令朝改다"라고 말했지만, 이 말 그대로 마음에 들지 않는 것이 있으면 주저하지 않고 재검토나 업데이트를 요구해 온다.

초대 플레이스테이션이 태어나기 전, 게임 사업 참여에 사람들이 의구심을 거두지 않고 있을 때 마루야마 시게오 씨가 구타라기 씨를 숨겨 주고 있었다는 것은 앞에서 말한 그대로이다. 마루야마 씨는 처음 입사했던 소니뮤직의 부사장이 되었지만, 동시에 구타라기 씨가 세운 SCE의 부사장도 겸하게 되었다.

마루야마 씨는 자주 "구타는 머라이어 캐리 같은 놈이다"라고 말했다. 주변에서 보면 어쨌든 고집이 세서 상대하기 어려워 보이지만, 터무니없는 재능을 지닌 아티스트. 그것이 구타라기 켄이라는 사람이라는 의미였는데 과연 절묘한 비유다.

나도 마루야마 씨와 마찬가지로 음악 업계 출신이라 잘

이해할 수 있다. 구타라기라는 귀재가 없었다면 플레이스테이션이 세상에 나올 수 없었을 테고, 그 후의 대성공도 없었을 것이다. 하지만, 그것으로 다가 아니다.

마치 음악 세계에서처럼 아티스트를 연출하는 노련한 매니저의 역을 자청한 마루야마 씨와의 콤비는, 어떤 의미에서 기적 같은 조합이었던 것은 아닐까.

그리고 소니의 CEO가 된 하워드 스트링거 씨는 구타라기 씨를 '소니의 스필버그'라고 평했는데, 이 역시 납득이 가는 말이라고 생각한다. 다른 사람들은 생각도 못하는 것에 대해 매일같이 궁리에 궁리를 거듭하고, 스스로의 머릿속에 그린 아이디어를 끝까지 고집스럽게 구체화시키는 사람이었다.

Cell의 야망
—

구타라기 씨가 차세대 플레이스테이션을 위해 내놓은 것이 Cell 구상이었다.

여기서 스펙을 상세하게 설명할 필요는 없겠지만, Cell은 복수의 연산 코어를 하나의 칩에 탑재한 멀티 코어 CPU의 원형이 된 것으로, 구타라기 씨에 의하면 이것을 탑재한 신형 게임기, 즉 플레이스테이션3는 '가정의 슈퍼컴퓨터'라고 할 수 있을 정도로 압도적인 성능을 자랑하는 기기였다.

전술한 대로 소니, IBM, 도시바 3사가 공동으로 개발한 Cell을 플레이스테이션3뿐만이 아니라 다양한 가전이나 과학 기술 계산용 슈퍼컴퓨터에 탑재하는 거대한 구상을 목표로 움직이기 시작하고 있었다. 사실, 이후에 Cell의 상위 버전인 프로세서를 다수 내장한 슈퍼컴퓨터를 IBM이 개발해, 이 년 동안 세계 최고 자리를 차지하기도 했다. 2003년에는 구타라기 씨가 SCE 사장과 소니 부사장을 겸임하게 되었고, Cell 양산을 위해 2,000억 엔을 투자하기로 결정했다.

오랫동안 기운이 빠져 있던 소니가 모처럼 내놓은 야심 찬 프로젝트였고, 정체되어 있던 소니는 반격을 위해 이 프로젝트에 승부를 걸었다.

SCE에서는 플레이스테이션2의 거침없는 진격이 멈출지를 몰랐고, Cell을 탑재한 플레이스테이션3의 개발은 순조롭게 진행되고 있었다. 진두지휘를 맡은 것은 물론 사장 구타라기 씨였다. 그리고 구타라기 씨는 소니 부사장이라는 중책도 담당하고 있었다.

구타라기 씨는 종종 "너희들 어린이 밴드뿐 아니라 소니 본사 쪽도 나서게 되었으니 힘 좀 들 거야"라며 농담조로 이야기하곤 했지만, SCEA 사장인 나와의 역할 분담에는 별 변화가 없었다.

단지 Cell과 플레이스테이션3의 시장 투입이 드디어 임박한 2006년, 이데이 노부유키 씨로부터 소니의 회장 겸 CEO를 계승한 하워드 스트링거 씨가 "도쿄에 와서 구타라기 씨를 도와 줄 수는 없을까"라며 가끔 내 의향을 물었다. 구타라기 씨에게도 같은 말을 들었다. 그러나 이 제안에는 분명하게 "NO"라고 대답했었다.

이제 소니뮤직에서 뉴욕으로 파견된 지 10년이 넘었다. 두 아이 역시 미국 생활에 익숙해져 있었다. 아이들과의 대화도 영어다. 원래 나는 앞에서 말한 대로 일본 SCE가 아니라 SCEA로 소속을 옮겼었다 . 미국 영주권도 취득했고 이제 와서 어딘가 다른 나라로 옮겨 갈 생각은 없었다.

그렇기 때문에 하워드와 구타라기 씨에게는 "마지막까지 미국에서 일하게 해 주시면 감사하겠다"라고 부탁하고 있었다. 하워드의 제안은 구타라기 씨 후임으로 SCE 사장 겸 COO가 돼 달라는 것이다. 이미 SCE는 소니 그룹 내에서 핵심 회사로 성장해 있었지만 SCE 사장 자리에는 별 관심이 없었고, 그보다는 차라리 소니를 그만두고 다른 업계에 도전해 보는 것도 좋겠다고 생각할 정도로 미국에 뼈를 묻을 각오였다.

그러나 플레이스테이션3의 출시가 임박하자 상황이 내 뜻
과 다르게 흘러갔다.

눈앞에 있는 위기

—

플레이스테이션3는 2006년 11월에 발매할 예정이었는데, 그
해 5월 발매에 앞서 세금을 포함한 가격을 하드디스크 용량 20
기가 모델의 경우 6만 2,790엔으로 발표했다. Cell을 탑재했고
당시 최첨단이었던 블루레이에도 대응한다. 그래도 게임기로
서는 너무 비싸다는 목소리가 높았다.

구타라기 씨는 미디어에서 "플레이스테이션3는 게임기도
가전도 PC도 아니다. 가정용 슈퍼컴퓨터라고 할 수 있다"고 주
장했다. 확실히 Cell을 비롯해 당시로서는 혁신적인 기술을 "이
것까지도"라 할 정도로 과하게 쏟아부은 기계이다. 하지만 플
레이스테이션2가 출시되었을 때의 가격보다 2만 엔 이상이나
비싸서, 좀처럼 비판의 소리가 그치지 않았다.

결국 플레이스테이션3는 발매 직전인 9월에 가격 인하를
발표하는 이례적인 사태에 몰렸다. 일본에서는 4만 9,980엔에
판매하게 되었다. 이것은 고뇌의 선택으로, 한 대 팔 때마다 적

플레이스테이션3를 발표하는 구타라기 켄(2005년 5월 16일)

자가 쌓이는 구조였다.

　게다가 다른 큰 문제가 터졌다. 내장했던 블루레이 판독 부품의 마진이 오르지 않자 일부 지역에서 출시를 연기하게 된 것이다. 그렇지 않아도 비용이 많이 드는데 이래서는 양산 효과도 볼 수 없다.

　플레이스테이션2의 대성공에서 급전락해, 위기가 오고 있는 것이 분명했다. 소니 본사의 총수인 하워드가 SCE를 재건해 달라고 부탁해 왔다. '해 보지도 않고 이 큰일을 맡지 않겠다는 것도 옳은 일은 아니지'라고 생각을 바꾸었다.

　다만 SCE 사장이 되면 생활 거점이 도쿄가 된다. 이 문제를 프롤로그에서도 언급한 대로 가족 회의에서 결정하려고 했는데, 어느새 중학생이 된 딸이 "What's your point? 그래서 어쩌라고요?"라며 단박에 거절해 단신 부임으로 도쿄에 가게 되었다.

사실 이때 나는 하워드에게 조건을 하나 내걸었다. 매월 한 주간은 포스터 시티의 자택에서 보낼 수 있게 해 달라는 것이었다. 하워드 자신도 가끔은 뉴욕에 있는 자택으로 귀가하는 생활을 하고 있었기 때문에 흔쾌히 승낙을 받았지만, 막상 도쿄에서 일이 시작되자 일주일 내내 미국에서 가족들과 편안하게 시간을 보낼 수 있는 여유가 없었다. 아무래도 스케줄이 꽉 차서 곧바로 도쿄로 돌아가거나 지구 어딘가의 다른 지역으로 출장을 가야 했기 때문이다.

이렇게 해서 소니컴퓨터엔터테인먼트 본사SCEI, 현 소니인터랙티브엔터테인먼트 사장 겸 COO로 취임한 게 2006년 12월의 일이다. 실제로 도쿄에 단신 부임한 것은 2007년 연초였지만, 그로부터 반년도 지나지 않은 2007년 6월에 돌연 구타라기 씨가 SCE 회장겸 CEO에서 퇴임해 CEO도 내가 계승하게 되었다. 구타라기 씨 자신이 4월 말에 열린 소니 이사회에서 돌연 사임을 표명했다고 하는데, 미리 알고 있던 것은 하워드 등 일부 임원뿐이었다고 한다. 사실 나도 잘 모르는 일이기 때문에 구타라기 씨가 왜 갑자기 퇴임하게 되었는지에 대해서는 더 이상의 언급을 피하고 싶다.

인상적이었던 것은, 구타라기 씨가 퇴임 때 나에게 한 말이다.

"앞으로 10년간의 로드맵은 만들어 놨으니까."

플레이스테이션이라고 하는 새로운 플랫폼을 세우고, 영화나 음악까지 취급할 수 있는 플랫폼으로서 마지막에는 소니의 디지털 전환을 실현한다고 하는 장대한 구상이 그려져 있었다.

"최첨단의 컴퓨터 테크놀로지와 네트워크로, 아직 아무도 본 적이 없는, 영화나 음악과도 어깨를 나란히 하는 새로운 엔터테인먼트 도메인을 창출한다."

구타라기 씨는 당시 잡지 등의 인터뷰에서 자주 이런 표현을 사용하였다. 과연 그 누구도 생각하지 못할 장대한 스토리라 할 수 있겠다.

그러나 구타라기 씨의 후임으로서 내가 해야 할 일은 이상을 계승하기 위해서 '당장 눈앞에 있는 위기'에 대응하는 것이었다. 우선은 첫걸음부터 발이 걸려 넘어진 플레이스테이션 3의 재건. 그리고 그다음은 구타라기 씨가 그린 10년 계획을 새롭게 접근해서 실현시키는 것이었다.

SCE를 향한 역풍

—

"자네들 소니를 망칠 작정인가?"

구타라기 씨의 퇴임이 발표되기 전인지 후인지는 잊었지만, 2006년도의 결산이 결정되었을 무렵에 소니의 간부에게 전화로 이런 말을 들었다.

틀린 말은 아니다. 하워드로부터는 이런 말을 듣기도 했다.

"You guys are taking the ship down PS3로 인해 소니가 침몰하고 있네."

이때는 LCD TV인 '브라비아'의 판매 호조로 부진했던 전자 부문에서 마침내 빛이 보이기 시작하던 시점이었다. 이런 와중에 지금까지 소니의 실적을 견인하던 SCE는 플레이스테이션3의 실패로 무려 2,300억 엔의 적자를 냈다.

전자 부문의 회복 기조는 아직 굳건하지 못했고, 여기서 만일 게임 사업이 내리막에서 구르듯이 계속 적자를 내면 소니의 기둥이 흔들릴 수도 있다. SCE는 이미 소니 전체에 그만큼 큰 영향력을 가진 존재였었고, 소니 간부의 질타는 그런 현실을 다시 한번 일깨우려는 의도였다.

그 외에도 그룹 내에서 다양한 목소리가 들려왔다.

"10년치 흑자를 날려 버렸군."

"저런 놈들이 경영하기 때문에 안 되는 거야."

그룹 내의 SCE에 대한 비난은 정말 대단했다. 1998년도에 기록적인 이익을 냈을 때 SCEA 직원들에게 "트럭이 지나갈 정도의 구멍은 만들지 말라"며 좋을 때일수록 빈틈을 만들지 말고 방비를 다지라고 훈계했었는데, 아무래도 천방지축인 SCE에 대해서는 반감을 가진 사람이 많았던 것 같다.

2,300억 엔의 적자를 내 그룹의 발목을 잡았던 이때 그걸 절감했다.

사실 미국에 있던 내 귀에도 "SCE 놈들은 말을 듣지 않는다"는 비판이 자주 들렸었다. 짐작되는 대목도 있다.

예를 들면 한 미국 대기업 소매점이 플레이스테이션을 구입하면서 지불 기간 연장을 신청했던 적이 있다. 우리 SCEA는 신청을 불허하고 출하를 정지시켜 버렸다. 그러자 전자 부문의 세일즈 담당자로부터 "왜 출하를 정지시키는 거야!" 하는 클레임이 왔다. 전자 부문도 그 소매점에서 텔레비전이나 비디오카메라를 팔고 있었다. 플레이스테이션을 출하 정지시키면 같은 소니그룹인 자신들이 곤란해진다고 했지만, 우리는 무슨 말을 해도 약속대로 지불하지 않는 한 출하 정지를 풀 수 없다고 버텼다.

그 밖에도 플레이스테이션과 가전제품을 세트로 팔자는 판촉 캠페인이 들어오는 경우도 많았지만 플레이스테이션 입장에서 메리트가 없는 제안은 모조리 거절했다. 이러한 일이 반복되자 "SCE 놈들은 플스테가 팔리기만 하면 되고, 조금도 우리에게 협력하려 들지 않는다. 괘씸한 놈들이다"라는 말을 듣게 되었다.

하지만 양보할 수 없는 것은 양보할 수 없다. 아무래도 회사에 메리트가 없는 일이나 잘못이라는 생각이 드는 일에 대해서는 의연하게 'NO'라는 주장을 굽히지 말아야 한다고 생각했다.

그렇게 쌓인 부정적 감정이 2,300억 엔의 적자라는 기화를 계기로 왈칵 밖으로 분출된 것이다. 물론 비판받을 만했다. 간과할 수 없는 상황인 것은 확실했다. 아니, SCE 존망의 위기라고 해도 좋을 것이다.

아무래도 나는 이런 역풍을 맞을수록 "해내고 말겠다"는 투지가 샘솟는 성격인 것 같다. 나중에 소니 사장을 맡았을 때도 그랬지만, 회사 사정이 좋지 않다는 것은 처음부터 알고 있었다. 알고 선택한 것이므로 망설임은 없었다.

원점으로 돌아가다

—

그럼 무엇부터 손을 대야 할까.

SCEA 때와 마찬가지다. 우선은 회사가 처한 상황을 자세하게 파악하는 일부터 시작해야 한다. 그러기 위해서는 사원의 이야기를 듣고, 사원들이 회사에 대해서 그리고 플레이스테이션3에 대해서 어떻게 생각하고 있는지를 알 필요가 있다. 여기서부터 해야 할 일을 추려 가는 것이다.

SCEA 때는 눈물을 흘리는 사원도 있어 '내가 심리치료사인가'라는 생각이 들 정도였지만, 사원이 만 명이나 되는 SCE에서는 한 사람 한 사람의 목소리를 들으며 다닐 수 없다. 우선 부장급 인사를 다섯 명에서 열 명 정도 모아 점심 모임을 자주 갖고 이들의 목소리에 귀를 기울이는 것부터 시작했다.

"지금 플레이스테이션3에는 무엇이 필요한가."

"SCE가 지향해야 할 성공은 어떤 방식이어야 하는가?"

"그것을 달성하기 위해서는 어떤 문제가 존재하며 또 어떻게 대처해야 하는가."

이런 작업을 반복하는 동안 몇 가지 테마가 보이기 시작했다. 그중에서도 첫 번째로 분명히 하지 않으면 안 되는 것은 "플레이스테이션3란 무엇인가? SCE는 어떤 회사인가?"라는 근본적인 질문이라고 생각했다.

전술한 대로 구타라기 씨는 플레이스테이션3를 "가정용 슈퍼컴퓨터라 해도 과언이 아닌 기기"라고 말하곤 했다. 구타라기 씨에게는 Cell에 대한 남다른 애정이 있었고, 나는 그것을 부정하지 않는다. 단지 회사의 전략이라는 관점에서 보면, 그리고 무엇보다 실제로 그것을 사용하는 고객의 시점에서 보면, 플레이스테이션3의 위상은 결코 '컴퓨터'가 될 수 없다.

사원과의 미팅에서 이런 질문을 받은 적이 있다.

"히라이 씨는 플레이스테이션3가 뭐라고 생각하십니까?"

내 대답은 명백하다.

"이건 게임기다. 누가 뭐래도 게임기다."

당연하다 여길지 모르겠지만, 우선은 이것이 출발선이었다. '플레이스테이션3는 무엇인가? 게임기다.' 그럼 'SCE는 무엇을 해야 하는 회사인가? 게임이라는 엔터테인먼트를 제공하는 회사다.' 결코 컴퓨터 회사가 아닌 것이다.

다른 말로 하면 상품과 회사의 포지션을 명확히 하는 것이라 해도 좋을 것이다.

만일 플레이스테이션3가 초고성능 컴퓨터라면 5만 엔도 6만 엔도 놀라울 정도로 싼 가격이다. 하지만 게임기라면 어떨까. 발매 직전에 가격을 인하했다고는 해도 4만 9,980엔이면 역시 비싸다고 말하지 않을 수 없다. 그리고 실제로 플레이스테이션3를 구입하는 고객에게 그것은 게임기 이외의 다른 어떤 것이 아니다.

앞에서 말한 대로 플레이스테이션3는 애초부터 적자였지만, 한층 더 제조 비용을 줄여 가격을 내리지 않으면 소비자에게 선택받을 수 없었다. 게임 회사의 원점으로 돌아가야 한다. 고객이 이 훌륭한 게임기로 게임을 즐기고 '이렇게 재미있는 게임이 있구나!' 하고 감동하도록 만드는 것, 그것이 우리에게 있어서 원점이다.

게임을 제공해 주는 서드 파티와 크리에이터에 대한 책임도 있다. "SCE가 적자인 채로 플레이스테이션3 사업을 계속할 수 있을까"라고 생각하게 되면, 재미있는 게임의 개발도 주저하게 될 것이다. Cell을 채용해 고성능화를 추진했기 때문에 게임 개발 코스트도 오르고 있었다. 가능한 한 빨리 플레이스테이션3의 매출을 올려야, 서드 파티도 윤택해지는 구조가 될 수 있다. 그러기 위해서는 조금이라도 빨리 고객이 받아들일 수 있는 가격으로 낮추면서 이익도 낼 수 있도록 만들어야 한다.

경쟁사도 만만치 않아서 우리에게는 느긋한 말을 하고 있을 만한 여유가 없었다. 마이크로소프트가 이미 일 년 전에 출시한 '엑스박스360Xbox360'은 인기 상품이 되어 있었고 닌텐도의 Wii위도 강력한 경쟁자였다. 여기서 고객에게 외면 받으면 SCE의 생존 자체가 위기에 처하게 된다. 아니, 그 위기는 조금씩 현실이 되고 있었다.

"이러다간 이 회사 망하고 만다."

진심으로 이런 위기감이 들었다.

현장감이 위기감을 낳는다

—

"플레이스테이션3는 게임기다."

나는 메시지를 가능한 심플하게 전하도록 유의한다. 그리고 몇 번이고 반복해서 말한다.

이렇게 한 번 정해 버리니 저절로 가야 할 길이 보인다. 게임기인 이상 무조건 가격을 낮춰야 한다. 그러기 위해서 우리가 제일 먼저 해야 할 일은 타협 없는 비용 절감에 매달리는 것이다.

할 일이 정해지면 즉각 실행이다.

상품 기획이나 엔지니어, 자재 담당이 비용 절감을 논의하는 회의에는 나도 참가했다.

"현장감이 위기감을 낳는다."

이는 턴어라운드Turnaround에 도전하는 리더의 철칙이라고 생각한다. 여기서 "코스트를 낮춰"라는 명령으로 끝내서는 안 된다. 그러면 '이대로 가면 우리 회사는 망한다'라고 하는 위기감이 현장까지 전해지지 않는다. 이것은 사장이 절실하게 추진하고 있는 일이라고, 전할 필요가 있다.

나는 엔지니어가 아닐뿐더러 조달 담당 경험도 없기 때문에 솔직히 회의 중에 모르는 것이 많다. 언제나 수수께끼 같은 단어가 난무하는데 모르면 모른다고 솔직하게 말하면 된다. 여기서 "나는 모르기 때문에 나머지는 맡기겠다" 하면 결코 위기감이 전해지지 않는다.

리더의 역할은 목표하는 방향으로 프로젝트를 진행시키는 데 있다. 아는 체할 일이 아니다. 나는 원래 음악 업계 출신이라 SCEA 때도 모르는 것 투성이였다. 그래서 모르는 것을 모른다고 입 밖으로 말하는 것이 얼마나 중요한지 이미 뼈저리게 알고 있었다.

아는 체해도 부하에게는 금방 간파되기 마련이다. 리더의 자질로 중요한 것은 "그렇다면 서포트해 드릴까요" 하고, 부하가 생각하게 하는 것. 부하가 "이 사람 알지도 못하면서 잘난 척은 겁나게 하네"라고 생각하면 아웃이다. 그렇게 되면 부하들이 상사를 적당히 구슬리려고 할 수도 있고, 프로젝트에 임하는 진정성도 달라진다. 대수롭지 않은 것으로 생각할지 모르지만 나는 큰 차이를 낳는 요소라고 생각한다.

'경영자는 EQ가 높은 사람이어야 한다'라고 스스로에게 항상 타이르는 것도, 그런 연유라고 말할 수 있다. 그렇다고 해서 성인군자여야 한다는 것은 아니다. 나도 결점투성이인 사람이다. 단지 일에 임하는 리더로서 'EQ가 높아야 한다'는 점을 늘 유의할 생각이다. 스스로를 완성형이라고는 도저히 말할 수 없지만.

그래서 '선거를 한다면 내가 뽑힐 수 있을까' 하고 자문하는 것은 앞에서 말한 그대로다. 리더는 부하들의 '표'를 쟁취해야 한다. 리더라는 포지션은 본질적으로 조직에서 주어지는 것이 아니다.

나는 자주 "직함으로 일하지 말라"고 한다. 부장이 되자마자, 아니면 임원이 되자마자 부하를 대하는 태도가 바뀌는 사람을 독자 여러분도 주변에서 보았을 것이다. 그런 사람이 '표'를 얻을 수 있을까. 답은 말할 것도 없다.

이는 결코 정신론이 아니다. 리더가 어떻게 하느냐에 따라 성과가 전혀 달라지므로 결과를 내기 위해 필요한 일이다.

1.8킬로그램의 집념

—

실제로 비용 절감 회의에 계속 참석하다 보면 이게 정말 힘든 일이라는 것을 깨닫게 된다. 문자 그대로 벼룩의 간을 내먹는 작업이다. 기본적으로 코스트가 높은 부품부터 리스트를 작성해 가면서, 그것을 언제까지 어떻게 하면 코스트를 얼마나 내릴 수 있는지 검토한다. 이 작업의 반복이다. 몇 번이라도 같은 검토를 거듭한다. 지름길이 없다는 건 금방 이해했다.

언제나 논의가 제자리를 맴돈다. 그런데도 반복한다….

원가 절감의 1탄으로 플레이스테이션2와의 호환성을 없앤 신모델을 내놓고 가격도 1만 엔 낮췄지만 이것만으로는 2만 5,000엔의 Wii를 이길 수 없다. 그 이전에 여전히 적자는 계속되고 있었다.

실제로 코스트 삭감 검토의 대상이 되는 것은 정말로 자질구레한 것들뿐이다. 예를 들어 플레이스테이션3의 커버에 들어 있는 'PLAYSTATION3'라는 문자. 최초 모델은 별도로 제작한 문양을 부착했는데, 이것을 실크 스크린 인쇄로 바꾸면 얼마나 싸게 만들 수 있을까. 몇 엔 안 되지만, 이런 식으로 모아 갈 수밖에 없다.

그런데도 만들면 만들수록, 팔면 팔수록 적자가 난다….

이른바 역마진 상태다.

경영자로서는 칠흑 같은 터널 안에서 헤매고 있는 것 같은 기분이었다. 그 터널 끝에 빛이 보이기 시작한 것은 SCE 사장에 취임한 지 3년 가까이 지난 2009년 9월 무렵이다.

모델 번호로는 'CECH-2000'이라고 하는 시리즈로, 플레이스테이션3 가격을 2만 9,980엔까지 인하할 수 있었다. 같은 플레이스테이션3지만 3년 전 발매 때보다 2만 엔이나 싸다. 40%나 내린 가격이다.

외양은 크게 다르지 않다. 그런데 최초의 플레이스테이션3는 무게가 5킬로그램이었던 데 비해 CECH-2000은 3.2킬로그램이다. 1.8킬로그램이 차이 난다. 물론 비용 절감은 무게만으로 측정할 수 없다. 하지만 이 1.8킬로그램을 위해 얼마나 많은 시간을 소비했던가. 얼마나 많은 아이디어를 주고받았던가. 처음에는 "너무 크다"는 말을 들었지만 본체의 두께도 30% 가까이 줄어들었다.

사장으로서 현장의 직원들과 논의에 논의를 거듭해 왔지만, 결국 기기를 개선하는 것은 현장의 담당자들이다. 이 1.8킬로그램은 담당자들의 집념의 결정체라고 할 수 있을 것이다. 음악 업계에서 온 나에게 있어서는, 다시 한 번 소니라고 하는 그룹에 깃들어 있는 모노즈쿠리*의 힘을 눈으로 확인한 3년간

136

이었다.

돌이켜 보면 포스터 시티에서 도쿄로 옮긴 후 처음 느낀 것은, 위기 상황임에도 불구하고 "이젠 틀렸습니다"라고 말하는 사람이 한 명도 없었던 것에서 발견한 희망이었다. 실적은 대규모 적자로 괴로운 상황이었지만 함께 의논해 보면 정말로 게임을 좋아하는 사람들, '플레이스테이션'이라는 플랫폼을 좋아하는 사람들의 모임이구나, 를 실감하는 일의 연속이었다. 그렇기 때문에 지금 상황은 대규모 적자지만 언젠가는 출구에 다다를 것이라고 확신했다.

나는 곧잘 "우선 성공한 상태를 이미지로 그려 보라"고 말한다. 그 상태를 실현하기 위해서는 무엇을 해야 하는가를 역산하는 것이다. 당시에는 우선 '플레이스테이션3는 게임기라고 명확하게 정의한다. 그리고 이익을 낼 것이다'는 생각을 했다. 그것을 위해서 비용 절감을 철저히 추진하기도 했지만, 그러한 '성공의 이미지'가 흔들리지 않았던 것은 사원들의 모습을 가능한 한 가까이에서 보려고 했기 때문이 아닐까 생각한다. 거기에 나보다도 우수한 사람들이 보였기에 성공을 확신할

• 　상품을 만들다, 라는 뜻으로 혼신의 힘을 다해 만드는 일종의 장인 정신을 의미한다.

수 있었던 것이다.

그리고 플레이스테이션3의 설계 재검토는 이후에도 끊임없이 계속되어, 최종적으로 본체의 무게는 2.1킬로그램까지 떨어졌다.

발매일로부터 3년이 조금 못 된 2009년 6월 말, 플레이스테이션3의 누계 출하 대수는 2,370만 대. 최종적으로는 8,740만 대 이상을 간신히 달성했지만, 1억 5000만 대 이상을 기록했던 플레이스테이션2와 비교하면 얼마나 고난의 길이었는지를 숫자가 보여 준다.

그리고 발매일로부터 3년 반이 지난 2010년 3월, 플레이스테이션3는 마침내 역마진을 해소했다. 물건을 만들어 이익을 내는 것, 회사로서는 '당연'한 상태가 되기까지 3년 반이나 되는 세월이 필요했다.

이상과 현실의 사이에서
—

이제 마지막으로 구타라기 씨가 야망을 걸었던 Cell이라고 하는 반도체에 대해 한마디 덧붙이고자 한다. 결론부터 말하자면, 내가 당시 소니그룹 전체의 경영을 맡고 있었다면 나는

Cell 프로젝트를 승인하지 않았을 것이다. 어떤 의미에서는 끝없이 이상을 추구하는 소니다운 프로젝트였다고 생각하지만, 역시 리스크가 너무 컸다. 시대를 너무 앞서갔다고 할 수 있을지도 모르겠다.

실제로 차세대형 플레이스테이션4의 계획은 아직 플레이스테이션3의 비용 절감에 매달려 있던 2008년에 시작되었지만, 나는 처음부터 Cell과 같은 독자 설계 반도체는 개발하지 않겠다고 마음먹고 있었다. 꿈의 반도체를 독자 개발하는 데에 적극적으로 투자하기보다는, 소프트웨어나 UX*로 연결되는 사업에 자금을 중점적으로 돌리겠다는 결정이었다. 플레이스테이션4 프로젝트를 출범시킬 때 나는 이런 주장을 절대 굽히지 않았다.

소니는 Cell의 생산 설비를 도시바에 매각하고, 플레이스테이션4에서는 미국 AMD의 칩을 사용하기로 했다. 말하자면 나의 전임자이자 위대한 '플레이스테이션의 아버지'인 구타라기 씨의 꿈을 실현하기 위해 새로운 접근법을 택한 것이다.

"최첨단 컴퓨터 테크놀로지와 네트워크로 아직 아무도 보

───────

* User Experience, 사용자 경험

지 못한 새로운 엔터테인먼트 도메인을 창출한다"는 큰 꿈은, 이후 플레이스테이션4와 최신 플레이스테이션5에 이르기까지 계승되고 있다.

구타라기 씨의 이상은, 타사와 동일한 일을 해서는 미래를 개척할 수 없다는 소니다운 의기를 나타낸 프로젝트였다고도 할 수 있다. 다만, 그것을 실현하고 지속하기 위해서는 이상과 현실의 갭을 메우기 위한 방대한 노력과 시간이 필요하다는 것을 우리는 체험을 통해 뼈저리게 깨달았다.

제 **4** 장

—

폭풍우 속에서

사총사

—

세상이 리먼 쇼크의 격진으로 흔들리고 있던 2009년 2월 말의 어느 날, 나는 시나가와에 있는 소니 본사에 있었다. 소니가 경영 체제 변경을 발표하는 기자 회견에 참석하기 위해서였다.

주바치 료지 사장이 부회장이 되고, 회장 겸 CEO인 하워드 스트링거 씨가 사장도 겸무한다. 하워드는 2005년 CEO에 취임한 뒤 4년 만에 사장직도 겸하게 되어 영국 〈파이낸셜타임스〉는 "스트링거가 소니를 장악했다"고 보도했지만, 이날 기자 회견에서 그보다 더 주목 받은 것은 소니의 조직 개편과 각 조직을 직접 담당할 네 명의 임원이었다.

조직 개편으로 TV와 비디오카메라 등 주력 가전제품을 주로 담당하는 컨슈머프로덕츠&디바이스그룹CPDG이 신설되는 한편, SCE가 담당하던 게임 비즈니스와 PC 'VAIO' 등은 네트워크프로덕츠&서비스그룹NPSG에서 운영하게 되었다.

제품과 서비스 별로 담당 부서가 나뉘던 예전 체제에 비해 다소 성긴 조직으로 그룹을 만든 데에는, 종적 단절의 폐해를 제거하려는 하워드의 의도가 담겨 있었다. "소니 유나이티드"를 표방한 하워드는, 지금까지의 소니는 마치 곡물창고인 사일로*처럼 조직마다 단단한 벽을 쌓고 있었다고 지적하며 "사일로를 파괴하겠다"고 선언했다. 하워드에겐 소니 개혁을 위한 중간 단계의 조직 개혁이었다.

그 발표장에 나를 포함한 네 명이 불려 갔다. CPDG 담당의 부사장이 되는 요시오카 히로시 씨. VAIO 사업 본부장이었던 이시다 요시히사 씨가 SVPSenior Vice President, 수석부사장 겸 텔레비전 사업 본부장이 되어 요시오카 씨를 보좌한다. 나는 SCE의 사장직을 겸하면서 소니의 EVP로서 NPSG를 담당하게 되

---

* Silo, 벙커나 탑 형태의 곡물 저장소

었다. 그리고 또 한 사람. 스즈키 구니마사 씨가 이시다 씨의 후임으로 VAIO를 담당하면서 SVP가 되어 나와 함께 NPSG를 이끌게 되었다.

간단하게 말하면 '요시오카-이시다 콤비'의 CPDG와 '히라이-스즈키 콤비'의 NPSG다.

기자 회견장에 우리 네 명을 불러 한 명씩 소개하던 하워드는 우리 네 명을 "소니의 사총사"라고 불렀다. 아마 그 자리에서 즉흥적으로 떠오른 생각이 아니었을까 싶은데, 그때부터 미디어는 "사총사"라는 말을 빈번히 쓰며 어느새 이 네 명이 하워드의 후계를 다툴 차기 CEO감이라고 보도하기 시작했다. 틀린 예견도 아닌 것이, 하워드 자신도 점차로 "후계자는 사총사 중에서 뽑겠다"라고 공언하기 시작했다.

갑자기 소니의 차기 CEO 후보 중 한 명으로 꼽히게 되었지만, 솔직히 말해 나는 전혀 신경 쓰지 않고 있었다. 소니 본사에서 중책을 맡게 되었지만, 여전히 SCE 사장으로 플레이스테이션3 재건의 과정에 있었기 때문이다.

제3장에서 말한 대로, 플레이스테이션3의 비용 절감이라는 긴 여정은, 2009년 9월에 발매한 'CECH-2000'에서 간신히 출구가 보이기 시작했다. 사총사라고 불리게 된 그 당시는, 확실히 CECH-2000의 개발이 절정에 이르렀을 무렵이었다.

차기 CEO의 유력 후보라고 해도, 내게는 애당초 전혀 감이 오지 않았다. 나만 그렇게 생각한 것은 아닐 것이다. "사총사"로 지명된 다른 분들의 면면을 보면 확실히 알 수 있다.

요시오카 씨는 당시 56세로 40대 후반이던 나와 다른 두 동료보다 조금 윗세대. 경력을 보더라도 휴대전화의 소니에릭슨이나, 오디오, TV 등 그야말로 소니의 중추를 밟아 온 분이었다. 이시다 씨와 스즈키 씨도 전자의 각 부문을 경험해 온 사람들. '전자의 소니'에서 보면 음악 출신인 나는 적자가 아니었다.

"뭐, 나는 숫자를 맞추기 위해 넣었겠지."

그것이 숨김없는 속마음이었다. 다만 음악과 게임의 길을 걸어온 내가 부족하나마 차기 CEO 후보 사총사 중 한 명이라는 말을 듣는 것이 싫지는 않았다. 내가 인정받았다는 것보다는, 걸핏하면 "본사는…" 하며 삐딱하게 볼 때가 많았던 엔터테인먼트 부문 종사자도 본사의 인정을 받고 있다는 메시지라고 생각했기 때문이다. 지금은 엔터테인먼트 부문이 소니그룹의 중핵을 맡고 있지만, 당시에는 그렇게 보이지 않았을 것이다.

하지만 역시 나에게 있어 최대의 숙제는 여전히 플레이스테이션3의 재건이었다. 지금 생각하면 하워드가 내건 소니 유나이티드 구상에 SCE도 좀 더 공헌했어야 하지 않았나 반성도 되지만, 만들면 만들수록 적자가 나는 역마진이 언제 해소될지 아직 예단할 수 있는 상황이 아니었다.

오해가 없게 덧붙이자면, 물론 소니의 EVP로서 게임을 포함한 네트워크 부문의 일도 소홀히 하지 않았다. 당시는 리먼쇼크의 영향으로 일본 전자전기 대기업의 실적이 일제히 악화되고 있을 때였다. 소니도 2008년도는 사상 최대의 영업적자를 내는 비상사태였다. 그런 상황에 직면하니 CEO 후보라는 말을 들어도 뭔가 남의 일이라고나 할까, "그럴 때가 아니다"라는 게 솔직한 심정이었다.

다시 오토 파일럿
—

2011년이 되자 내가 처한 상황이 급속히 변했다. 폭풍우 같은 나날의 시작이었다.

그해 3월 10일, 즉 동일본 대지진 전날 나는 SCE 사장을 겸한 소니 부사장으로 임명되었다. 과거 구타라기 씨가 그랬던 것처럼 소니와 SCE 두 회사의 중책을 맡게 된 것이다.

무엇보다도 이 무렵에는 SCE 최대 현안이었던 플레이스테이션3의 역마진 문제도 해소되고 있어, 드디어 역공을 펼치기 시작할 수 있었다. 차세대 기기인 플레이스테이션4 개발도

이 년 후의 출시를 향해서 순조롭게 진행되고 있었다.

구타라기 씨 후임으로 SCE의 사장이 되었을 무렵에는 예상 이상으로 힘들었던 플레이스테이션3의 출시로 사내에 위기감이 감돌았는데, 이제 드디어 좋은 의미에서의 여유가 생긴 것처럼 보였다. 점차 조직이 자율적으로 움직여 나가고 있었다. 그야말로 바라던 모습이 된 것이다.

하지만 내 안에서 다시 묘한 위화감이 생기고 있던 것 또한 사실이었다. 그렇다. SCE의 경영은 오토 파일럿 상태로 들어가고 있었다. 그런 의미에서 내게는 소니 부사장을 겸무하기에 딱 좋은 타이밍이었던 것 같다.

소니 부사장인 된 나에게 맡겨진 일은 일반 소비자를 위한 제품이나 서비스 전반. 즉 텔레비전이나 비디오, 비디오카메라, PC, 게임 등. 게임은 물론 내 영역이지만 TV나 비디오 같은 전자 부문에서 나는 또다시 문외한이다. 그리고 전자의 부진이야말로 소니 최대의 경영 과제였다.

소니의 중추인 전자의 재건에 문외한이 어떻게 접근해야 할까. 무거운 사명을 짊어지게 되었다…. 소니 부사장이 되어 이런 생각을 하고 있던 바로 그다음 날 오후 2시 46분, 사내 회의 중에 격렬한 진동이 덮쳐 왔다.

이 지진 재해에 관해서는 일본인이라면 누구나 지금도 잊을 수 없는 기억의 단편을 가지고 있을 것이다. 나도 그렇다. 쓰기 시작하면 멈출 수 없을 것 같아서, 지진 재해의 기억에 관해 상세하게 말하는 것은 일부러 피하고 싶다.

도호쿠에 있는 소니의 공장이나 개발 거점 역시 재해를 입었다. 쓰나미가 직격한 미야기현 다가조시의 센다이 테크놀로지 센터에서는 인근 주민을 포함해 약 1,200명이 2층 이상에서 추위에 떨며 하룻밤을 지새웠다고 한다.

사원의 분투 그리고 자원봉사자 분들의 도움 덕분에 소니의 거점은 비교적 이른 시기에 잇달아 가동을 재개했다. 사원과 사원 가족은 여전히 괴롭게 생활하고 있었고 일상의 회복은 요원했지만, 간신히 앞을 향해 다시 걷기 시작했다.

그런 시기에 지진 재해와는 전혀 관계없는 위기가 소니에 닥쳐오고 있었다.

사이버 공격
—

발단은 4월 19일이었다. 그날 미국 시간으로 오후 4시가 조금 지났을 때 미국 캘리포니아주에 있는 서버가 아무런 예고도 없이 갑자기 재기동되었다. 명백한 이상 동작이었다.

해커의 침입임이 분명히 드러나자 다음 날인 20일에 이 서버를 사용하는 네트워크 서비스, 즉 플레이스테이션 네트워크PSN를 정지시켰다. 지진 재해로 인한 혼란의 와중에 대규모 해킹 공격까지 받은 것이다.

하지만 구체적으로 어떤 피해의 가능성이 있는지는, 방대한 데이터를 처리하기 전까지는 알 수 없는 일이었다. 피해 상황을 파악하기 위해 우선 데이터 해석을 서둘렀지만, 후에 이로 인해 큰 비판을 받게 된다. 소니가 정보 유출을 대외적으로 공표한 것은 미국 시간으로 26일이 되어서였다. 왜 더 빨리 발표하지 않았느냐는 비판을 받은 것이다.

그 직전, 일본 시간으로 26일에 소니는 첫 태블릿의 발표를 앞두고 있었다. 애플의 아이패드iPad에 대항하기 위해서 개발한 '소니 태블릿'이다.

이날 도쿄에서 발표회 단상에 선 나는 네트워크 시대의 새로운 디바이스의 매력을 프레젠테이션했다. 아이러니컬하게도, 다른 한편에서는 네트워크 시대의 어두운 면이라고 할 수 있는 해킹 공격으로 인한 정보 유출에 관한 의혹(당시 시점에서는)의 정황이 조금씩 드러나고 있었다. 하지만 도쿄의 발표회장에서는 아무것도 언급할 수 없었다.

결국 소니는 최대 7,700만 건의 이름과 주소, 이메일 주소 등 개인정보가 유출된 것으로 보인다고 발표했다. 암호화되어 있다고는 하지만, 그중에는 신용카드 정보도 포함되어 있었다.

이 단계에서는 아직 성명문을 공표했을 뿐이다. 당연히 납득할 수 없다는 비난을 받았다.

소니로서 어떤 말을 어떻게 발표해야 하는가…. 사내에서 의견이 나뉘었다. 나는 파악한 것을 즉시 알린 다음 기자 회견을 열어 사죄해야 한다고 주장했지만, 법무 담당 EVP인 니콜 세리그만 씨의 의견은 완전히 반대였다.

미국에서는 기업이 이러한 상황에 처할 경우, 주마다 어떤 시점에서 무엇을 공개해야 하는지에 대한 기준이 다르다고 한다. 무엇보다 소니는 해킹 공격의 피해자이기도 하다. 실제로 소니는 미 연방수사국FBI에 수사를 의뢰한 상태다. 무엇보다 정보가 부정확한 단계에서 섣불리 사과 회견을 열어 고개를 숙이면 전미 규모의 집단 소송이 벌어질 위험이 있다는 게 니콜의 의견이었다.

니콜은 클린턴의 여성 스캔들 등에서 수완을 발휘한 변호사다. 확실히 미국 법률 전문가로서는 정확한 판단일 수 있다. 하지만 소니는 말할 것도 없이 일본 회사다. 일본에 본사를 두고 일본에서 사업을 영위하고 있는 이상, 일본의 고객이나 관계자에게 '현 상황'을 제대로 전하고 머리를 숙일 필요가 있다고 생각했다.

하필 소니의 최고경영자인 하워드가 뉴욕 자택에 머물고 있을 때였다. 하워드는 지병인 요통이 악화되어, 내가 부사장에 임명된 지진 재해 전날의 이사회를 끝내자마자 그 길로 수술을 받기 위해 미국으로 날아갔다. 피해를 입은 도호쿠 지방의 거점을 격려하기 위해 일본에 한 번 왔었지만 치료를 위해 다시 뉴욕에 돌아가 있었다.

"회사가 끝장난다"
—

소니가 침묵하고 있는 동안 언론의 보도는 점점 들끓고 있었다. 이제는 일각의 유예도 없다. 나는 뉴욕에 있는 하워드에게 전화해 이렇게 전했다.

"일본에서는 제대로 사죄하지 않으면 안 돼. 일본에는 일본의 문화가 있으니까. 그걸 받아들여야 돼. 이렇게 안 하면 회사가 끝장날 수도 있어. 우리도 피해자라는 말 따윈 통하지 않을 거야. 이 역할은 내가 할 테니 맡겨 주면 좋겠어."

결국에는 하워드도 납득해 주었다.

이렇게 해서 골든 위크 중이던 5월 1일, 대외적으로는 주로 신제품 발표 때 사용하던 본사 대회의장에서 상황 보고와 향후의 대응에 관한 기자 회견을 열었다.

나는 우선 "이용자 여러분께 심대한 불안과 폐를 끼치게 된 데 대해 깊이 사죄드립니다"라고 말하며 머리를 숙였다. 이럴 때 누구에게 무엇부터 말해야 할까. 무엇보다 고객에게 드리는 말로 시작해야 한다고 생각했다.

당시로서는 사상 최대 규모의 사이버 공격이었다. 미국에서도 국회 의원들의 비판이 잇따랐다. 하워드가 뉴욕에서 기자 회견을 하고 나는 온라인으로 참석했다. 우리로서는 "현재 파악하고 있는 것을 성심성의껏 전한다"는 각오였다. 노력한 보람이 있었는지 들끓던 여론이 서서히 수그러들었다.

지금도 당시의 위기 대응은 소니에게 큰 교훈이 되었다고 생각한다. 뜻밖의 위기에 직면했을 때 즉각 100% 사태를 파악할 수 있는 경우는 별로 없을 것이다.

그럴 때 회사가 할 수 있는 일은, 불완전해도 좋으니 현시점에서 알고 있는 것을 성실하게 전하는 것이라고 생각한다. 물론 불완전함을 숨기지 않고. 한층 더 중요한 것은, "다음은 언제까지"라는 기한을 정해 두고 정보를 업데이트해 가는 것이다. 그리고 그때마다 설명한다. 처음부터 완전한 정보를 제공할 수는 없지만, 세심하게 업데이트된 정보를 거듭해서 설명해 가는 자세를 분명히 보여 주는 것이다.

많은 기업이 이런 경우를 대비한 위기관리 매뉴얼을 가지고 있을 거라고 생각한다. 하지만 부끄럽게도 당시의 소니가 그랬던 것처럼 일반론만 적혀 있는 것은 아닐까. 그래서는 유사시에 쓸모가 없다. 언제까지 어디서 무엇을 해야 하는가. 그 구체적인 액션의 선택지 중에서 무엇을 선택하는 것이 최선인가. 경영자라면 평소에도 이런 것을 준비하고 있어야 한다.

소니의 사장으로

—

동일본 대지진에서 시작된 폭풍우 같은 2011년이 지나고 새해가 밝았을 무렵, 하워드로부터 "사장직을 부탁하고 싶다"라는 연락을 받았다. 언론은 내가 사장에 취임하고 하워드가 회장 겸 CEO가 될 거라고 보도하기 시작했다. 당초에는 그런 얘기였던 것 같은데, 도중에 톤이 바뀌어 어느 시점부터는 "사장직과 CEO를 맡기고 싶다"는 식으로 바뀌었던 것으로 기억한다. 결국 하워드는 회장도 CEO도 맡지 않고 일 년 동안만 이사회 의장으로 나를 서포트해 주기로 했다.

경위야 어떻든, 나는 소니의 경영을 맡는 책임자가 된다.

원래 앞에서 말한 대로 "사총사"로 불려도 감이 오지 않았었고, 지금까지 내가 걸어온 길을 되돌아보면 소니의 사장이 되는 것은 설마하니 생각지도 못한 일이었다.

소니뮤직에서 음악 비즈니스에 푹 빠져 있던 내가, 본의 아니게 부임한 뉴욕에서 상사였던 마루야마 시게오 씨로부터 "게임을 도와주게"라는 부탁을 받고 한시적인 보조 역할이라는 인식으로 SCEA의 일에 종사한 것이, 지금 생각하면 인생의 터닝 포인트였다.

거기서부터 게임 비즈니스의 재미에 홀려 달려온 지 17년이 지났다. 미국에서도 SCE 본사가 있는 도쿄 아오야마에서도 "여기에 뼈를 묻겠다"고 맹세했지만 끝내 그렇게는 되지 못했다. 그런 나에게 소니의 총수라는 큰일이 맡겨졌다. 인생의 불가사의다.

지금까지의 커리어에서 SCEA와 SCE라는 두 회사의 턴어라운드에 기여했다는 자부심은 있다. 하지만 그 다음의 업무로 타진된 소니라고 하는 회사의 리더는 지금까지와는 비교가 안 될 정도의 높은 벽이라는 것을, 이 폭풍의 일 년간을 통해 이미 뼈저리게 이해하고 있었다.

"잘도 떠맡는군."

"히라이는 무슨 생각인 거지?"

선배들은 농을 섞어 격려의 말을 전하기도 했다. 소니가 궁지에 몰려 있는 상황인 것은 누가 봐도 분명했기 때문이다. 내가 사장의 바통을 넘겨받았을 때 소니는 벼랑 끝에 서 있었다. 그것은 숫자가 웅변하고 있었다.

연결최종손익은 4년 연속 적자. 게다가 적자액은 조금씩 부풀어서 2011년도에는 과거 최대치인 4,550억 엔의 적자를 기록했다. 전자 부문의 부진이 최대의 원인으로, 그때까지 텔레비전 사업은 8년 연속 영업적자였다.

부사장이 된 뒤 일 년 동안 전자 부문을 맡아보고 든 솔직한 생각은 '이대로는 끝이다'는 것이었다.

그렇기 때문에 더욱더, 사장 취임을 거절하는 선택지가 내게는 없었다.

당시 소니의 연결사원수는 16만 2,700명. 처음에는 회사의 엄청난 크기에 정신이 아찔했다. 게다가 회사 안에는 자신감을 잃은 듯한 분위기가 흐르고 있었다. 그러나 부사장으로 폭풍의 일 년을 달리면서 "이 정도면 되지 뭐"라고 자위하는 사원은 없다는 걸 통감하는 장면을 종종 목격했다. 지진 재해나 사이버 공격과 같은 비상사태 때문에 내가 더 그런 생각을 강하게 했는지도 모르지만, 특히 젊은 사원들 사이에서는 "이대로는 끝이다"에 앞서 "이럴 리가 없다. 분명 더 잘할 수 있는데"

라는 열정의 마그마가 끓고 있다는 기분이 들었다.

"아직 소니는 버려진 게 아니야."

이런 믿음과 함께, 사원들의 정열의 마그마가 터져 나올 수 있도록 하는 것이, 소니를 그런 회사로 바꾸는 것이 나에게 부과된 과제라고 생각하게 되었다.

다만 4년 연속 적자 회사를 살리는 것은 쉽지 않은 일이다. 폭풍우는 여전히 그치지 않고 있다. 아니, 지금부터가 시작이다.

험난한 출범
—

"소니의 장래를 위해서는 피해 갈 수 없는, 아픔을 동반한 선택이나 판단, 실행을 필요로 하는 상황에 직면하게 된다"

2월 2일에 열린 사장 취임 기자 회견에서 나는 이렇게 단언했다. 회견장에 모인 보도진에게서도 새 사장의 취임을 축하하는 분위기는 전혀 찾아볼 수 없었다. 기자들의 질문도 실적 악화와 구조 조정에 집중됐다. 나 자신도 "아픔"을 입에 올렸듯이 어설픈 개혁으로는 이 위기에서 벗어날 수 없었다. 그리고 나는 이렇게 덧붙였다.

필자와 하워드 스트링거 씨(2012년 2월)

"경쟁 상대도 경영 환경도 우리를 기다려 주지 않으며 따라서 우리에게는 뒤로 미룰 여유가 없다. 그것을 확실히 자각하고 굳은 의지와 각오로 해낼 것이다."

이는 거짓 없는 결의 표명이었다. 4월 1일 사장 겸 CEO에 취임한 나에게 주어진 첫 업무는 취임 이 주도 안 된 4월 12일에 열린 중기경영계획 기자 회견이었다. 아픔을 동반하는 구조 개혁으로 만 명이나 되는 인원 삭감을 공표하지 않을 수 없었다.

"8년 연속 적자를 내는 TV 사업을 계속하겠다는 뜻인가."

취재진으로부터 이런 혹독한 질문도 날아왔다. 나는 "텔레비전을 앞으로도 고객에게 선보이고 싶다는 강한 신념이 있다"라고 대답했다. 미디어나 애널리스트는 강한 의구심을 갖고 있고 결과로 말할 수밖에 없다고 생각했다.

주위의 따가운 비판은 이후 몇 년 동안 그칠 줄 몰랐다.

6월 말이면 주총이 열리는데 이에 앞서 주가는 1,000엔을 깨고 32년 만에 최저치로 떨어졌다. 총회에서는 주주들로부터 우리 경영진을 향한 질책이 쏟아졌다.

"1,000엔 붕괴는 굴욕이다."

"신체제의 시책도 말투를 바꾸었을 뿐 지금까지와 달라 보이지 않는다"

"상황 인식이 안이하다."

지당한 비판으로 받아들일 수밖에 없다. 내가 할 수 있는 일은 지금부터 착수할 소니의 턴어라운드에서 좋은 결과를 내 주주들의 질타와 격려에 답하는 것뿐이다. 취임 회견에서도 말했지만 책임질 각오는 하고 있었다.

주위의 모든 사람이 회의적인 시선을 보내는 가운데 나는 소니 재건을 향해 달리기 시작했다. 회사원 인생에서 세 번째의 턴어라운드. 짊어진 책임은 터무니없이 크다.

그럼, 무엇부터 손을 대야 할까…. 예전과 다를 게 없다. 우선은 발품을 팔아 현장의 소리를 주워듣는 것이다.

"유쾌한 이상 공장"

—

앞에서 중기경영계획 발표 회견을 CEO로서의 첫 업무라고 했지만, 실은 정확한 말이 아니다. 외부 사람들의 눈에 보이는 자리에 나온 것이 처음이었을 뿐이다. 4월 2일 월요일에 신입 사원을 맞이하고, 다음 날 향한 곳이 지진 재해로 피해를 입은 미야기현 다가조시의 센다이 테크놀로지 센터였다. 지진 재해로부터 정확히 일 년이 되는 3월 11일에는 방문할 수 없었기 때문에, 복구의 진척을 살피기 위해 사장 취임 후 가능한 한 빨리 가 보려고 마음먹고 있었다.

우선은 발로 뛰어다니며 사원의 소리에 귀를 기울일 것. 그리고 반드시 이 회사가 다시 빛나도록 하겠다는 결의를 보일 것…. 나는 여기서부터 일을 시작했다.

물론 일본만이 아니다. 그 후 반년 간 시간이 허락하는 한 전 세계의 거점을 돌았다. 센다이를 스타트 지점으로 타이, 말레이시아, 미국의 네 도시, 브라질의 두 도시, 중국의 다섯 도시, 인도의 두 도시, 그리고 독일…. 대충 계산해 보면 직선거리로 지구 네 바퀴에 해당한다. 낮에는 타운홀 미팅 형식으로 직원들을 모으고 밤에는 파티를 열어 맥주나 와인을 마시면서 직원들에게 질문을 던졌다.

그 여정에서 부사장 시절부터 느껴 왔던 열정의 마그마가 존재한다는 확신을 얻었다. 어느 나라를 가든 직원들의 열정을 느꼈다. 때로는 "소니가 이 정도일 리 없다"는 에너지에 압도되기도 했다.

반면 이런 생각도 들었다.

"소니는 지금 방향성을 잃고 있다."

소니는 전자를 축으로 게임이나 음악, 영화, 금융 등 폭넓은 비즈니스를 가진 거대 그룹이 되었지만, 목표로 하는 방향은 모두 제각각이라는 생각이 들었다. 하워드는 "소니 유나이티드"라는 말을 썼고 나도 "원 소니One Sony"라는 말을 되뇌었지만, 단순히 "하나가 되자"고 해서는 무엇을 축으로 삼아 모여야 좋을지 막막한 게 아닌가, 라고 생각했다.

"어떤 회사이고 싶은가."

"이 회사는 무엇을 위해 있는가."

이런 근본적인 질문을 미션Mission이나 퍼포스Purpose, 밸류Value, 비전Vision, 혹은 조금 낡은 표현으로는 기업 이념으로 내거는 회사도 많지만, 소니그룹 안에는 "그런 건 좀 촌스럽지"라는 분위기가 있었던 듯하다. 하지만 이 정도 광범위한 비즈니스를 품게 된 지금이야말로, 그룹이 하나가 되어 무엇을 목표로 하는지를 나타낼 필요가 있다고 생각했다.

생각해 보면 과거의 소니에는 목표가 존재했다. 이부카 마사루 씨와 모리타 아키오 씨라는 두 명의 위대한 창업자가 도쿄통신공업의 설립 취지서에 남긴 유명한 말이 있다.

"성실한 기술자의 기능을 최고도로 발휘하게 하는 자유활달하고 유쾌한 이상 공장의 건설."

이것은 이부카 씨가 기초한 설립 취지서에서 "회사 설립의 목적"으로 내건 여덟 항목 가운데 첫 번째로 적힌 말이다. 종전 후 5개월 만의 일이다. 아직 일본 전체가 패전의 충격에 휩싸여 잿더미에서 재기를 기약하기 시작했을 무렵의 일이다.

나는 그때 몇 번이나 이 설립 취지서를 다시 읽었는데, 확실히 이것이야말로 옛 소니의 기치였다는 생각이 들었다. 작은 공장에 모인 기술자들이 이부카 씨와 모리타 씨를 깜짝 놀라게 하겠다며 기능을 겨룬다. 언제까지나 그런 유쾌한 회사이기를 바라는 두 사람의 생각이 그대로 전해진다. 바꾸어 말하면 어느 사원이 읽더라도, 도쿄통신공업이라고 하는 회사가 무엇을 목표로 하는 장소인지, 어떤 뜻을 가진 회사인지 알 수 있다.

소니를 만든 두 분이나 당시의 "성실한 기술자"인 분들의 후배가 되는 내가 말하는 것이라 조금 자화자찬으로 들릴 수도 있겠지만, 다른 말이 필요 없는 명문이라고 생각한다. 다만 다양한 비즈니스를 전 세계에서 전개하는 회사가 된 소니의 사원에게, 지금 내가 이 말을 그대로 인용해 반복해서 전한다 해도, 안타깝지만 가슴을 울리지는 못할 것 같았다.

'감동'을 강조하는 이유
—

새로운 시대의 소니가 향해야 할 방향성을 나타내는 말을 찾아야만 한다…. 그렇게 생각했다. 위기에 처했지만 지하에서는 정열의 마그마가 부글부글 끓어오르고 있는 소니를 다시 잘 요약할 수 있는 말이 없을까. 새로운 소니의 모습을 구현하는 말 찾기가 시작되었다. 그야말로 토론 만발. 거대해진 소니가 나아갈 길을 한 마디로 표현할 수 있는 말을 좀처럼 발견할 수 없었다.

그런 가운데 태어난 게 '감동'이었다.

감동을 주는 회사….

이것이야말로 지금의 소니가 지향해야 할 자세가 아닐까. 목표로 삼아야 할 방향이 아닐까. 바로 '이거다' 싶었다. 개인적인 이야기지만, 유저 중 한 명이었던 나에게 소니는 확실히 '감동을 주는 회사'였다고 생각한다.

어린 마음에 '굉장하다!'라고 생각한 것이 휴대가 가능한 5인치 TV였다는 것은 이미 말한 대로다. 기억에 남는 소니의 제품을 꼽자면 끝이 없다.

예를 들면 BCL 라디오의 '스카이 센서'인데 1970년대에 소니의 간판 상품이었던 라디오로 기계를 좋아했던 나에게는 보물이었다. 단파 방송을 수신해 해외 방송을 자주 들었다.

스카이 센서는 중학생 시절인가 고등학생 시절에 아키하바라에 있는 괴이한 전기점에서 손에 넣었다. 사실은 신형인 '스카이 센서 ICF-5900'을 갖고 싶었지만, 끈질기게 깎아 달라고 졸라도 요지부동이었다. 울며 겨자 먹기로 한물간 '5800'

소년 시절의 보물이었던 스카이 센서 ICF-5800

을 샀지만 그래도 당시의 내게는 보물이었다.

실은 어른이 되고 나서 한 번, '5900'이 인터넷 옥션에서 매물로 나와 있는 것을 발견하고 입찰했던 적이 있다. 마감 직전 마지막 몇 분에 다른 입찰자에게 낙찰되어 버렸는데, 그때 그 기분이란. 정말 분했다.

카세트 덱으로 애용한 것은 'TC-K55'. 이 상품은 1979년에 발매되었지만 무려 5만 9,800엔이나 했다. '멋진데!'라고 생각한 것이 덱 중앙 부분에 설치된 바늘 VU미터인데, 좌우 바늘 사이에는 LED 피크레벨 인디게이터가 갖춰져 있다. 나중에 안 사실이지만, 이 LED 인디게이터는 신참 엔지니어였던 구타라기 씨가 작업한 것이라고 한다.

비교적 새로운 것이라면, 2001년에 발매된 MICROMV 라고 하는 초소형 비디오카세트도 깊은 추억이 깃든 물건이다. 소니의 사장이 된 후 연구소 직원들과 한잔 하면서 "그 제품은 이제 끝난 거지"라고 쓴소리를 했는데, 그 자리에 있던 엔지니어 한 명이 "죄송합니다. 그거 제가 설계한 겁니다"라고 해서 가슴이 철렁 내려앉은 일도 있다.

워크맨이나 트리니트론은 말할 것도 없고 소니의 역사를 물들인 수많은 명품은 모두 사용자에게 감동을 주는 것이었다. 그것은 다시 말해 "유쾌한 이상 공장"에 모인 이름 없는 사원들이 자신들이 만든 상품으로 세상의 평가를 받아 보겠다는 공통의 목표를 갖고 있었기에 가능한 일이었다.

그 목표의 가치는 지금도 분명 변하지 않고 그대로다. 아니, 당시보다 사업의 폭이 넓어져 제각각으로 보이는 소니가 지금이야말로 구해야 할 가치다….

나는 이 말을 'KANDO*'라 하기로 했다. 영어로 대체하기보다는 일본어를 사용해야 해외 직원들에게도 더 직설적으로 들리지 않을까 하는 생각에서다. 그들에게는 조금 이질적인 일본어를 굳이 사용함으로써, 'KANDO란 무엇일까'라고 생각하게 하는 계기를 만들고 싶었다.

이렇게 해서 소니가 가야 할 방향을 'KANDO' 한 마디로 표현하기로 했다. 계속된 대규모 적자로 위기에 처한 회사를 이끌면서 이제 와서 말 찾기를 하니 "이 무슨 태평한 생각인가"라는 사람도 있을지 모르지만, 조직 전체가 향해야 할 방향을 잡지 않으면 아무것도 시작할 수 없다. 이것을 소홀히 해서는 안 된다는 것을 나는 지금까지의 경영 재건 경험에서 배웠다.

하지만 조건이 있다.

---

* 감동의 일본어 발음을 영어로 표기한 것

이런 말은 사원들에게 스며들어야 비로서 의미가 생긴다. 그렇지 않으면 "또 새 사장이 뭔가 말하던데"에서 그치고 만다.

소니가 목표로 하는 가치를 어떻게 사원들에게 스며들게 할 수 있을까…. 3장에서 "현장감이 위기감을 낳는다"라고 했지만, 현장감은 일체감도 낳는다.

나는 다시 세계를 도는 여행을 떠났다.

'구름 위의 사람'이 되면 소통할 수 없다
—

나는 결국 6년 동안 소니의 사장을 맡았다. 그동안 전 세계 거점을 돌며 타운홀 미팅을 갖고 직원들에게 말을 걸었다. 횟수만 70회가 넘는다. 6년이면 72개월이니 대강 매달 한 번씩은 세계의 어딘가에서 타운홀 미팅을 열었다는 계산이 나온다.

회의장은 가는 곳마다 달랐다. 큰 거점이면 오피스나 공장 내의 넓은 공간에서 모이는 경우가 많았다. 시드니에서는 그룹 사원이 수백 명이라 이벤트홀을 빌려 소니뮤직 소속 아티스트의 공연을 열기도 했다. 작은 회의실에서 모이기도 했고, 샌디에이고에서는 바비큐 파티를 했다. 로스앤젤레스에서는 영화 스튜디오를 사용했다.

모이는 인원도 회장의 분위기도 제각각이었지만, 어디를 가든 나는 "소니가 목표로 하는 것은 KANDO. 고객에게 감동을 줄 수 있는 제품과 서비스를 모두 함께 만들어 내자"는 메시지를 전하려 했다.

이것은 최고경영자가 직접 전하는 수밖에 없다. 코로나 팬데믹 시기에는 불가능한 일이지만 얼굴을 맞대며 만날 수 있는 상황이라면, 최고경영자가 전하고 싶은 것을 직접 현장에 가서 말해야만 목표로 하는 방향성이 공유될 수 있다고 생각한다. 유감이지만 사보나 영상 메시지로는 부족하다.

다만 타운홀 미팅에서 정말 중요한 것은 내 연설이 아니다. 오히려 중시하는 것은 그 후의 질의응답 세션이었다. 난 어

인도네시아 타운홀 미팅에서 사원에게 말을 거는 필자 (2017년)

딜 가든 먼저 이렇게 말하기로 결심했다.

"여러분, 단 하나 지켜 줬으면 하는 규칙이 있습니다. 그건 이 세션에는 규칙이 없다는 겁니다. 즉, 무슨 말을 해도 좋다는 겁니다."

그리고 이렇게 이어 간다.

"회사 일은 물론이고, 제 사적인 일을 포함해 뭐든지 좋습니다. 이 자리에 멍청한 질문이란 있을 수 없습니다. 물론 대답할 수 없는 것도 있겠지만 그러면 그렇다고 말할 테니 무엇이든 물어보세요."

이렇게 말해 둔다 해도 '카즈 히라이에게는 뭐든지 물어도 좋다'라고 생각하기는 어려울 것이다. 사실 처음에는 좀처럼 손을 드는 사람이 나오지 않았다. 겨우 손을 들어도 심기를 거스르지 않으려는 질문이 대부분이었다.

'자칫 잘못해서 거북한 질문으로 사장님의 기분을 상하게 하면 곤란한데. 역시 조용히 있는 게 낫겠지….' 누구라도 이렇게 생각할 것이다. 주위에 앉아 있는 동료들의 시선도 신경이 쓰일 것이다. 이해할 수 있다. 그렇기 때문에 더욱 내 쪽에서 '정말 뭐든지 물어봐도 되네' 하는 분위기를 만들 필요가 있다. 사장님 훈화라고 하는, 아무래도 딱딱한 분위기가 되기 십상인 장소를 어떻게 편안하게 만들 수 있을까.

우선 사전에 사원의 질문을 모아 사회자가 읽어 주는 형식은 피해야 한다. 이는 결말이 뻔한 영화와 같다. 타운홀 미팅을 담당하는 사무직 직원들로서는 사장이 오니까 별 탈 없이 진행하고 싶은 마음도 있겠지만 "미리 각본을 짜는 일은 없어야 돼"라고 분명히 말해 두었다. 사장의 말이 사원의 가슴을 울리지 못하면 본전도 못 찾고, 사원들이 점점 질문하기 어려운 분위기가 되어 버린다.

그럴 땐 좀 농담식으로 "뭐든 좋습니다. 얼마 전 다른 사업장 미팅에서는 평상시 자택에서 집안일을 하느냐고 물어보길래…" 하는 식으로 사적인 것을 조금 이야기하거나 한다. 그러면 사원에게서 "부인과는 어떻게 만나셨습니까?"라는 질문이 나온다. 자, 이제 됐다.

"Good question!"이라고 한 뒤 "대학을 나와 CBS소니에 입사했을 때 아내와 같은 팀이 되었습니다…"라고 말을 이어간다. 농담을 섞어 가며 웃음을 터뜨리는 것에도 신경을 썼다. 그러면 봇물 터지듯 손을 들고 질문이 쏟아진다.

"KANDO라고 해도 알아듣기 힘듭니다. 다시 한 번 설명해 주시겠습니까?"

"나는 태국 전체의 경리를 담당하고 있지만, 원 소니라고 하면서도 이 나라에 있는 본사 사람과는 만난 적조차 없으니다. 그런 상태에서 무슨 공헌을 할 수 있겠습니까."

각각의 질문에 대해 꼼꼼하게 답해야 함은 말할 것도 없다.

때로는 아내인 리코가 타운홀 미팅에 함께하기도 했다. 제대로 일을 하고 있는 모습을 보여 주고 싶어서라고 말하고 싶지만, 실은 내 나름의 다른 노림수가 있어서이다. 사장이라 해도 모두의 앞에서 아내에게 추궁당하며 쩔쩔매는 듯한 인간적인 모습을, 굳이 사원들에게 보여 주는 것이다. 연기가 아니라 '있는 그대로의 모습'을 보여 주는 것이다.

그러면 단상에 올라가 있는 '구름 위의 사람'이라고 생각했던 사장이 자신들과 다를 바 없이 가족을 위해서 일하는 한 명의 소니 직원에 지나지 않는다는 것을 분명하게 보여 줄 수 있다. 그게 사실이지만 그것을 보여 주기 위해서는 궁리가 필요하다.

카리스마가 아니라
—

나는 1984년 CBS소니에 입사했다. 당시 소니의 사장은 5대째인 오가 노리오 씨였다. 창업자 두 분은 이부카 마사루 씨가 명예회장이었고, 모리타 아키오 씨가 회장이었다. 두 분 다 그렇지 않아도 구름 위의 존재인데, 게다가 창업자이기도 하니 이미 신과 같은 존재였다.

창업자 두 분 중에서는, 모리타 씨를 직접 뵌 적이 있다. 만났다고는 할 수 없고, CBS소니의 창업 20주년 기념식에 오신 모리타 씨를 마중하기 위해 서 있던 사원 중 한 명으로, 자동차에서 내려 식장으로 걸어 들어가는 모습을 가까이에서 본 정도다. 바로 눈앞에서 걷고 계셨지만 그 거리가 굉장히 멀게 느껴졌다. 모회사의 회장이자 경제사에 남을 파운딩 파더. 창업자를 신격화하려는 게 아니라, 젊은 내 눈에는 백발의 모리타 씨가 마치 신처럼 보였다는 뜻이다.

오가 씨 또한 구름 위의 사람이다. 처음 만난 때는 1995년으로 플레이스테이션의 미국 발매 직전 오가 씨를 비롯한 소니의 임원진이 뉴욕에 왔을 때였다. 내가 설명을 맡았는데, 직전까지 소니뮤직의 계장이었던 내가 프레젠테이션을 시작하자 임원들이 '저 녀석은 누구지'라고 조금 의아해 하는 것을 느낄 수 있었다.

어쨌든 나에게 있어서 소니의 최고경영자라는 이는 다른 세계의 사람으로 보였다. 소니 본사가 아닌 음악이나 게임 자회사에 있었기 때문에 더더욱 그런 생각이 들었는지도 모르겠다. 음악도 게임도 지금은 소니그룹의 핵심 기업이지만, 당시는 뭐니 뭐니 해도 '전자의 소니'였기 때문이다.

창업자 두 분이나 오가 씨는 영락없는 카리스마 지도자다. 하지만 나는 그렇지 않다. 당연히 구름 위의 존재도 아니다. 그렇게 보여서도 안 되고 실제로도 그렇지 않다. 그러나 사원들은 그렇게 여기지 않을 수 있다. 소니의 사장이라는 것만으로 '구름 위의 사람'이라는 시선으로 보고 있을지 모른다. 예전의 내가 그랬듯이.

그런 편견을 깨뜨리려면 사장부터 움직여야 한다.

나는 그런 생각으로 전 세계를 돌며 사원들과 대화를 했다. 나는 자주 "직함으로 일하지 말라"라고 하는데, 사장이라는 직함을 내세우면 직원들 입에서 진심이 나오지 않는다. 사원과의 신뢰 관계를 구축하지 못하면 아무리 'KANDO'나 '원 소니, 하나의 목표'를 외쳐 봐야 전달되지 않는다. 직원들 마음에 울리지 않는 것이다.

직함으로 일하지 말라

—

직원들의 '표'를 얻고 '이 사람의 말이라면 들어 볼까'라고 생각하게 하려면 작은 일부터 차곡차곡 쌓아가는 수밖에 없다.

중국 공장에 갔을 때의 일이다. 나는 공장이든 사무실이든 직원들과 같은 식당에서 점심을 먹는데, 구내식당에 갔더니 식당 일부를 'VIP'라고 적힌 테이프로 분리해 놓고 있었다. 이것에는 정말이지 나도 좀 화가 났다. 게다가 식사는 특별히 주문한 케이터링. 맥이 탁 풀렸다.

다른 공장에서는 이런 일도 있었다. 나는 통상 사원들이 무엇을 먹는지 알고 싶어서 사원과 함께 줄을 서서 같은 것을 먹는다. 자리에 앉아서 먹어 보니 기가 막히게 맛있었다.

"야아, 여기 식사 맛있네!"

가까이 앉아 있던 직원에게 그렇게 말했더니 "고맙습니다"라고 하지 않는가.

"오늘은 사장님 덕분에 특식이 나왔습니다."

아아, 이건 아니다…. 그런 특별 대우를 받으면 나까지 '구름 위의 사람'이 되고 만다. 사원들과 같은 눈높이에서 얘기하고 있다는 믿음을 줄 수 없다. 지나간 것은 할 수 없고 다시는 그러지 말라고 현지 스태프에게 당부했다.

스페인 출장에서는 이런 일도 있었다. 호텔 방에 들어서니 소니 텔레비전이 설치되어 있었다. 그런데 뭔가 이상하다. 텔레비전 뒷면을 보니 먼지가 전혀 없다. 실내의 다른 물건에 비해 배선도 확실히 새것인 게 신경이 쓰였다.

"혹시…."

호텔을 마련해 준 현지 직원에게 물어보니 예상대로였다. 도쿄 본사의 임원이 올 때면 객실 텔레비전을 소니 제품으로 바꾼다고 한다. '왜 이런 일을 할까…'라고 한숨을 쉬면서 텔레비전을 바라보던 기억이 난다.

그렇다고 현지 스태프가 나쁘다는 게 아니다. 지금까지는 그게 당연했을 것이다. 그래서 하나하나 내 의도를 설명하며 개선해 나갔다.

여담이지만 나는 SCEA 사장 시절 20킬로그램 정도 다이어트에 성공했다. 딸에게 내 결혼 무렵의 사진을 보여 주자 "이 사람 누구야?"라는 놀림을 받은 것이 계기였다. 전시회 등에서 많은 청중을 대상으로 프레젠테이션할 일이 많아지자, 소비자를 상대하는 비즈니스 회사의 사장으로 내 역할이 '회사의 얼굴'이라는 것을 강하게 의식하게 되었다. 되도록 좋은 모습으로 제품이나 서비스를 소개하는 것도 사장으로서 중요한 요소라고 생각해 그 후에도 체형을 유지하려고 노력했다.

그리고 직원들에게 어떻게 보일까, 그 시선도 늘 의식하고 있었던 것 같다. 거듭 말하지만 사장인 내가 행동에 나서지 않으면 아무래도 사장은 구름 위의 사람이 되어 버리고, 그러면 "직함으로 일하지 않는다"라는 말을 할 수 없게 된다.

사소한 행동거지에도 신경을 썼다. 예를 들어 소니에서는 직원 자녀가 초등학교 1학년이 되면 '책가방 증정식'을 갖는다. 이부카 씨가 시작한 일이다. 대표 학생이 등단하여 책가방을 건네받는데 나는 그렇지 않아도 키가 크기 때문에 초등학교 일학년 아이를 상대하게 되면 어쩔 수 없이 '위에서' 내려다보는 자세가 된다.

그래서 무릎을 꿇고 아이와 시선을 맞추며 건네주었다.

물론 작은 배려에 지나지 않지만 식장에서 그 장면을 보는 부모들, 즉 사원들 중에는 나의 의도를 헤아려 주는 사람도 몇 명은 있을 것이다. 그런 생각으로 그렇게 했다.

돌이켜 보면 "직함으로 일하지 말라"는 신념을 가르쳐 준 것은, 소니뮤직 시절의 상사로 나를 게임 비즈니스에 끌어들인 마루야마 시게오 씨였던 것 같다.

마루야마 씨는 소니뮤직의 전신인 CBS소니의 창립 멤버이며, 전술한 것처럼 구타라기 켄 씨가 플레이스테이션 사업을 추진하고 있을 때 사내 일부의 역풍으로부터 그를 보호하기 위해 자신이 창립한 EPIC소니에 그를 숨겨 준 사람이다.

그 후 마루야마 씨는 소니뮤직과 SCE의 부사장을 겸임하게 된다. 나중에는 소니뮤직의 사장이 되었고, SCE 회장으로도 취임했다. 사실 맹렬하게 출세 계단을 올라가고 있었지만,

우리와 대화할 때의 어조는 항상 격의 없는 에도 억양이었다. 아무리 출세해도 기본은 흰 폴로셔츠에 청바지 차림. 물론 비즈니스 이야기에서는 단호한 판단도 내리지만, 마루야마 씨라고 하면 언제나 큰 소리로 웃고 있는 얼굴이 떠오른다.

그러면 신기하게도 주변에 있는 우리도 조금 무리라고 생각된 일이나 귀찮은 일이라도 '뭐, 마루야마 씨 말이니까'라는 생각으로 선선히 받아들이게 되고, 자신도 모르는 사이에 전력을 다하게 된다.

사실 SCEA 시절의 내가 그랬다. 도쿄와 포스터 시티를 왕복하고 있던 마루야마 씨의 모습을 보고 있으면 나도 열심히 해야겠다는 마음이 들고, 그 마루야마 씨가 "SCEA의 사장직을 맡아 줘"라고 하면 싫다는 말을 할 수가 없다. 오히려 '이 사람을 위해서라면' 하는 생각으로 전력을 다했다. 마루야마 씨야말로 직함으로 일하지 않는 사람. 그리고 '경영자는 EQ가 높아야 한다'를 체현하는 리더였다고 생각한다.

젊은 나이에 리더의 본보기 같은 사람을 만난 것이 내게는 무척 행운이었다.

도요타의 교훈

—

사장에 취임한 직후뿐만 아니라 재임 6년 내내 'KANDO'를 강조했다. 그야말로 고장난 음반처럼 몇 번이고 되풀이했다. 그렇게 하지 않으면 전해지지도 않고 스며들지도 않기 때문이다.

그런 점에서 많은 것을 배울 수 있었던 분이 토요타자동차의 도요타 아키오 사장이다. 도요타 씨는 나보다 3년 먼저 사장에 취임했고, 무슨 회의인가 이벤트에서 잠깐 인사를 드렸던 적이 있는 정도인데 그는 사장 취임 후 항상 "더 좋은 자동차를 만들자"라며 사원들을 독려했다. 일이 년이 아니라 계속 말이다. 그토록 거대한 조직의 의식을 바꾸기 위해서는, 도요타 씨 정도의 구심력이 있는 리더라도 같은 말을 되풀이해서 호소하는 것이 중요하다는 것을 이해하고 실행했다.

도요타 씨라면 또 하나 대단하다고 생각하는 점이 레이서 라이선스를 취득해 '도요타 아키오 사장'이 아닌 '모리조'라는 이름으로 레이싱카의 핸들을 잡고 코스를 달린다는 것이다. 그는 실제로 레이스에 출전하고 있다. 일본 자동차 메이커의 최고, 아니 세계적 자동차 메이커의 최고 자리에 있으면서 이렇게까지 할 사람이 또 있을까.

이 '일체감'이 중요하다.

'모리조'가 헬멧을 쓰고 레이싱복 차림으로 핸들을 잡고 있다. 이제 그 모습만으로도 직원들에게 강렬한 메시지가 된다. "이 사람은 정말로 자동차를 좋아하는구나"라고, 입 밖으로 말하지 않아도 충분히 전해진다. 이 점에 대해서는 솔직히 대단하다고 생각했다. 내 식으로 표현하면 '현장감이 일체감을 낳는다'는 말이 된다. 그리고 다른 한 가지 큰 효과가 또 있다.

"리더는 자사 상품과 서비스의 열렬한 팬이 돼야 한다."

이것도 내가 자주 하는 말이다.

도요타 씨는 누가 봐도 한순간에 이해할 수 있는 방법으로 그 말을 전하고 있다고 생각한다. 물론 퍼포먼스가 아니라 정말로 마음속 깊이 자동차를 좋아하실 것이다. 그렇지 않으면 그렇게까지 목숨을 걸 수 없다.

엔지니어의 혼에 불을 붙여라
—

나도 도요타 씨도 엔지니어가 아니다. 그런데 실제로 물건이나 서비스를 만드는 것은 엔지니어들이다.

엔지니어의 혼에 어떻게 불을 붙일 수 있을까….

이 역시 중요한 주제다. 소니의 재생에서도 빠뜨릴 수 없는 포인트다.

도요타 씨는 그것을 모리조로 웅변해 왔다. 내 경우에는 '내가 소니 최고의 팬이다'라는 마음을 전하기 위해 무엇을 해야 하는지 골똘히 생각해 보았다. 사실 빈말이 아니라 진짜 '최고의 팬'이라고 생각한다. 하지만 이 마음이 전해지지 않으면 의미가 없다.

그러기 위해서는 역시 우선은 현장에 가는 것. 직접 자신의 말로 엔지니어들에게 전해야 한다. 그 일환으로 소니의 일본 내 최대 R&D 센터인 가나가와현 아쓰기시 아쓰기 테크놀로지 센터를 자주 찾았다. 한두 번으로는 안 된다. 반드시 돌아오는 길에 "다음에 또 오겠네"라고 덧붙인다.

우선은 엔지니어들의 두 눈에 자부심이 가득하도록 해야 한다. 니는 아쓰기뿐 아니라 소니의 R&D 센터는 어디라도 보물섬이라고 생각한다. 하지만 엔지니어들은 저마다의 아이디어나 생각을 가지고 개발에 열중하면서도, 다소는 '어차피 본사의 높은 사람들은 알아주지 않는다'라고 하는 약간은 비관적인 생각을 가지고 있는 것처럼 보였다. 그렇기 때문에 더욱더, 두 눈에 자부심이 가득한 모습을 보고 싶다. 흥미롭다는 생각이 드는 것에는 솔직하게 "대단하네!"라고 말하며 감동한다. 일부러 연기하는 게 아니라 정말 대단하다고 생각해서다.

그리고 그들의 자랑을 들으며 '코를 좀 납작하게 해 줘 볼까' 하는 짓궂은 생각으로 좀 부족한 부분이 없는지 필사적으로 파고든다. 어느 날은 진짜 칠흑 같은 어둠 속에서도 사물의 형태를 정확히 포착하는 엄청난 감도의 이미지 센서를 개발했다는 엔지니어의 말을 듣고 "그럼 쨍쨍한 태양 아래에서는 어떤가" 하고 묻자 "아 네… 그건 아직 좀"이라며 말을 잇지 못했다. 옳거니. 하지만 우쭐해서는 안 된다.

"에이" 하고 농담조로 들이밀다가 "아니, 이건 정말 대단해. 밝은 곳에서도 얼마나 사용할 수 있을지 다음에 올 때까지 기대하고 있을 테니 보여 주게"라고 내 쪽의 기대를 솔직하게 전한다. 그리고 약속하면 반드시 다음 번에 진척이 있는지 물어본다.

연구 개발이 늘 뜻대로 진행되는 것만은 아니어서 진척이 없을 때도 있다. 그래도 좋다. 중요한 것은 내 쪽의 기대를 전하는 것. 그리고 엔지니어들의 노력에 대해서 "관심을 가지고 보고 있네"라는 점을 나타내는 것이다. 그런 인간관계를 구축하는 것, 그걸 반복해 쌓아 가야 한다. 그러니 일 년에 한 번인 의례적인 정기 방문으로는 택도 없다.

나는 엔지니어가 아닐뿐더러, 어느 시대에나 소니의 중심에 있던 전자 부문의 출신도 아니다. 엔지니어의 말을 알아듣느냐고 묻는다면, 이해하지 못하는 부분도 상당하다. 물론 가능한 이해할 수 있도록 공부한다. 하지만 애당초 우수한 소니 엔지니어들에게 미칠 리 만무하다.

　다만 소니의 제품과 서비스에 대한 사랑만은 지지 않겠다는 생각이다.

　어렸을 때 감동받았던 5인치 TV, 어떻게 해서든지 갖고 싶었지만 손에 넣을 수 없었던 BCL 라디오 스카이 센서 ICF-5900, 조금 쓰기 불편하지만 싫증나지 않던 MICROMV….

　엔지니어들과 얘기할 때는 곧잘 내가 실제로 사용했던 소니의 명품을 화제로 삼곤 했다. 나는 예전부터 기계를 무척 좋아했지만, 그중에서도 특히 카메라를 좋아했다. 나 스스로도 마니아 수준이라고 생각한다. 그래서 카메라 얘기만 나오면 나도 모르게 멈추지를 못한다. 엔지니어 사이에서는 "히라이 씨에게 카메라 얘기를 꺼내면 끝날 줄을 모르니까 조심해야 한다"라는 경고가 돌고 있다는 것을 나중에야 알았다.

　'리더는 자사 제품이나 서비스의 열혈 팬이어야 한다.'

　나의 경우 '소니의 열혈 팬이 되겠다'고 마음먹고 있었다기보다는 나도 모르는 사이에 자연스럽게 그렇게 됐던 건데, 단순한 팬이 아니라 '열혈 팬'임을 직원들에게 알려야 한다. 직원들이 알아줘야 의미가 있다. 그리고 빛나는 것은 그 제품과 서비스이며, 그리고 그것을 만들어 낸 사원들이라는 것을 말해야 한다. 그것이 리더인 내가 해야 할 일이다.

아쓰기에서는 매년 가족과 인근 주민도 참여하는 여름 축제가 열렸는데, 나도 일정이 허락하는 한 반드시 함께했다. "나도 불러 주게"라고 능치며 참가한다. 엔지니어들과 함께 맥주를 마시며 소니의 제품과 서비스에 대해 이야기할 절호의 기회이기 때문이다. 격의 없는 분위기를 깨고 싶지 않아 다른 임원에게 "적어도 임원은 아쓰기 여름 축제에 반바지로 참가합시다!"라고 부탁한 적도 있다.

내 커리어의 원점은 음악 업계다. 거기서는 아티스트를 빛나게 하는 것이 모든 일의 시작이다. 하지만 지금은 소니그룹의 모든 비즈니스가 다 그렇지 않을까 생각한다.

제품과 서비스를 빛나게 한다. 그러기 위해서는 사원을 빛나게 하지 않으면 안 된다….

물론 전자 부문의 엔지니어들에게만 국한되지 않는다. 소니생명에서는 영업직을 라이프 플래너라고 한다. 업무의 원점이 고객의 인생 설계를 함께 고민하는 것이고, 상품인 생명보험은 보다 나은 인생 설계를 위한 제안이라고 생각하기 때문이다. 힘든 직업이다. 그러므로 라이프 플래너가 빛나지 않으면 소니생명도 빛날 수 없다.

소니는 다시 빛난다

—

나는 음악 업계를 시작으로 게임 업계, 그리고 소니로 옮기면서 그때마다 턴어라운드 업무에 매진했는데, 그 모든 과정에서 이 그룹이 가진 힘에 감동을 받았다. 초대 플레이스테이션을 가지고 처음으로 리지 레이서를 했을 때의 놀라움을 지금도 생생하게 기억하고 있고, 아쓰기에서 엔지니어들의 이야기를 듣고 있을 때도 그랬다. 여기에 다 쓸 수 없을 정도다.

그래서 이것들을 빛나게 하는 것이 나의 일이라고 다시 한 번 인식하게 되었다. 다행히 직장이 바뀔 때마다 '이건 더 빛나게 해야 한다' 하는 생각을 갖게 만드는 사람이나 기술과

미국 라스베이거스 CES2018에서 연설하는 필자(2018년 1월)

의 만남이 끊이지 않았다.

또다시 자기 자랑이 됐지만, 고장난 음반처럼 계속해서 KANDO를 외치던 나 자신이 실은 소니그룹이 가진 보물 더미에 오히려 감동을 받았다고 생각한다. 그래서 '이 회사는 반드시 다시 빛날 수 있다'라는 확신을 갖게 되었다.

제 **5** 장

—

아픔을 동반한 개혁

550 매디슨 매각의 노림수
—

'침체하는 소니'의 내부 깊은 곳에서 부글부글 끓고 있는 정열의 마그마를 분출시켜 다시 한 번 이 회사가 빛을 발하도록 만들겠다….

'KANDO'의 전도사로 전 세계를 누비며 결의를 다지던 나였지만, 목표에 이르기까지는 어떻게도 피할 수 없는 아픔이 있을 것이라고 처음부터 각오했었다.

사장 취임 기자 회견에서도 언급했던 대로, 소니의 턴어라운드를 추진하는 과정에서 "아픔을 동반한 개혁"은 피할 수 없는 일이었다.

사장 취임 다음 주에 발표한 경영 방침에서도 중소형 디스플레이나 소니케미컬의 매각, 텔레비전 사업의 고정비 삭감 등 대규모 구조 개혁을 제시했지만, 근본적인 재건은 이제 겨우 시작이라는 것을 잘 알고 있었다. 소니를 빛내기 위해서는 보다 극적인 개혁이 불가결했다. 그리고 그것은 아마 소니가 이제껏 경험한 적이 없는 아픔을 동반하는 개혁이 될 것이다.

한편 내가 사장이 되자마자 결정한 자산 매각이 있다. 바로 뉴욕에 있는 미국 본사 빌딩 '550 매디슨'이다. CBS소니의 계장이었던 내가 뉴욕으로 발령받은 뒤 근무했던 거대한 빌딩으로, 맨해튼의 매디슨가에 있었다.

미국인 중에는 소니가 미국 회사라고 생각하는 사람도 많다고 들었다. 어느 조사에서는 미국인의 20%가 소니를 미국 기업으로 생각한다고 나왔다. 그 상징적인 건물이며 미국 소니 사원들에게는 자부심이었을지도 모르는 빌딩을 매각한다.

소니코퍼레이션오브아메리카에 매각을 명하자, 현지의 간부들이 강하게 반발했다. 몇 번이나 의견을 주고받았지만 그때마다 "지금은 시황이 좋지 않습니다"라며 미루려 했다. 나는 양보할 생각이 없었다. 마무리는 다음 해로 미루어졌지만, 11억 달러에 매각이 결정되었다.

매각을 결단한 미국 뉴욕 본사 빌딩
'550 매디슨'

빌딩 매각의 궁극적 목적은 물론 재무 구조의 강화지만, 나에게는 또 다른 목적이 있었다. 그것은 사내를 향한 강렬한 메시지다.

"소니는 지금부터 구조 개혁에 착수한다. 거기에 성역은 없다. 향수가 끼어들 틈도 없다. 그리고 히라이는 한 번 결정하면 반드시 실행한다."

미국에서 성공한 소니의 상징을 놓아 버리는 데에는 말이 아닌 행동으로 턴어라운드를 향한 각오를 보여 주겠다는 목적이 있었다.

텔레비전 사업의 재건

소니의 턴어라운드를 진행시키는데 있어서 최대 난제 중 하나는 적자가 계속되던 텔레비전 사업의 재건이었다. 내가 사장에 취임한 시점에 8년 연속 영업적자. 예전에는 소니의 간판이었던 상품이 지금은 어느새 '엉망이 된 소니'의 상징처럼 되어 버렸다. 경영방침에서도 '텔레비전 사업의 재건'만은, 사업명도 따로 지정하고 중점 시책으로 내걸었다.

사실 텔레비전에 관해서는 이미 대강의 방향을 정하고, 관련 팀이 재건을 향해서 매진하고 있었다. 내가 사장으로 재임하는 동안 "텔레비전 사업을 매각하지 않을 것인가"라는 질문을 자주 받았지만, 그럴 생각은 없었다. 소니 TV는 반드시 부활할 수 있다는 결론에 도달했기 때문이다.

다만 그러기 위해서는 근본적인 변화가 필요하다. 그것이 '양에서 질로의 전환'이었다. 양을 좇는 것을 전제로 한 경영에서 탈피하는 것이다.

소니는 2009년 11월에 세운 중기 계획에서, 텔레비전의 세계 시장 점유율을 2012년까지 20%로 올리겠다고 발표했다. 세계 시장 규모로 역산하면 연간 4,000만 대에 해당한다. 이 '4,000만 대'라는 숫자가 환영처럼 따라다녔다. 당시 소니 판매 대수의 두 배 이상에 해당하는 숫자였는데, 외부 생산 위탁을 확대해 어떻게든 달성하려고 애쓰고 있었다.

이 4,000만 대 구상은 강력한 라이벌의 등장과 무관치 않다. 삼성뿐만 아니라 LG 등 한국 기업의 판매량이 전 세계에서 늘고 있는 한편, 중국 기업도 대두하고 있었다. 소니의 얼굴이자 거실에서 가장 눈에 띄는 곳에 있게 되는, 가전제품의 왕인 TV. 그 존재감을 지키기 위해서 소니는 4,000만 대 구상을 내걸었다. 하지만 그렇게 되면 취지는 잊혀지고 숫자만 중요해져서, 채산성보다 점유율 확보가 최우선 과제가 된다.

그 앞에서 기다리고 있는 것은 한국, 중국 기업과의 무한 가격 경쟁이었다. 4,000만 대라는 아무리 봐도 무리한 목표를 내세우면서, 소니 스스로 가격 경쟁이라는, 애초에 우리가 올라가지 말아야 할 자리에 올라가 버린 것이다. 다시 말해 TV가 범용 상품이라고 스스로 인정해 버린 것이 패인이라고 할 수 있다.

텔레비전 사업의 재건은 이 대전제를 뒤집는 것에서부터 시작된다.

이런 결론을 내린 것은 비단 나뿐만이 아니었다. 나는 사장에 취임하기 전인 2011년 부사장으로 텔레비전 등 컨슈머 사업 전반을 담당하고 있을 때, 텔레비전 사업의 재건이라고 하는 난제를 이마무라 마사시 씨와 다카기 이치로 씨에게 맡겼다.

둘 다 내게는 선배였지만 이 인선에는 큰 의미가 있었다. 이마무라 씨와 다카기 씨는 디지털카메라나 비디오카메라를 만드는 '디지털 이미징 사업'의 재건에서 수완을 발휘하고 있었다.

특히 디지털카메라디카 실적은 누구나 인정할 정도였다. 디카 시장 규모는 2003년경부터 급격히 커졌다. 소니는 일찌감치 '사이버샷Cyber-shot'이란 브랜드로 이 시장에 뛰어들었지만, 시장이 확대기에 접어들자 같은 사이버샷에서도 다양한 '시리즈'를 속속 선보이기 시작했다. 다소 남발하게 된 원인은 역시 디카 시장에 진출한 삼성을 강하게 의식했기 때문이다.

즉, 나중에 텔레비전이 걸었던 범용화의 길을 디카는 텔레비전보다 먼저 이미 걷고 있던 것이다. 거기에 규율을 가져온 것이 이마무라 씨와 다카기 씨 콤비였다. 뿐만 아니라 코니카 미놀타로부터 DSLRDigital Single-lens Reflex 사업을 인수해, 훗날 고급 디카 사업의 초석이 되는 '알파α'시리즈를 꾸준히 키웠다. 이 경험을 TV 재건에서도 살렸으면 하는 바람이었다.

우리가 가장 먼저 시작한 것은 4,000만 대 구상의 철회였다. "무턱대고 대수를 좇기보다는, 차별화를 지향하자." 이마무라 씨, 다카기 씨와 몇 번이나 의논한 끝에 이 방향으로 가자는 데에 의견이 일치했다.

그래서 2011년 11월에 판매 목표를 4,000만 대에서 2,000만 대로 낮추겠다고 발표했다. 당시 부사장 자격으로 기자 회견에 임한 나는 TV 사업의 흑자화를 위해 "불퇴전의 각오로

임하겠다"고 말했지만, 그 시점에서 해야 할 일은 많은데 아직 출발선에 서 있다, 라는 게 솔직한 심정이었다.

대수를 쫓던 방식을 버린다는 것은 판매 루트를 추려야 한다는 것을 의미한다. 텔레비전이 적자에 빠져 있던 원인 중 하나는 해외의 판매 회사 수가 실력 이상으로 너무 많았다는 것이었다. 팔기 위해 판매사를 늘리는 것인지, 판매사를 유지 하려고 무리하게 대수를 늘리는 것인지 헷갈리는 상황에 빠져 있었다.

이 악순환을 끊기 위해 양을 쫓지 않는 노선을 철저히 하 고 4,000만 대 구상을 철회했다. 다음에 기다리고 있는 것이 판매 회사를 추리는 일이었다. 그것은 다시 말해 어제까지의 파트너를 끊는 것을 의미한다. 예상했던 일이지만 이 일에는 맹렬한 반발이 밀어닥쳤다.

반발을 무릅쓰다
—

소니 사내의 반발이 특히 심했다. 판매 회사 대부분은 TV뿐만 아니라 디지털카메라나 비디오카메라 등 다른 소니 제품도 취 급한다. 그런데 가전 매장의 꽃인 텔레비전 판매망을 줄이면 어떤 일이 일어날까.

판매 회사는 이른바 중간 도매 형식으로 월마트, 베스트바이 등의 소매점에 소니 제품을 팔고 있다. 가전 매장에서 명당을 차지하는 TV 공급이 줄어들면 소니 브랜드 제품 전체의 매장 규모가 축소된다는 클레임이 잇따라 제기되었다.

"TV가 팔리지 않으면 디지털카메라나 비디오를 팔 수 있는 공간까지 좁아진다."

그런 비명과도 같은 소리가 전해졌다. 그러자 사내에서는 이런 비판도 들렸다.

"이 장사는 우선 대수를 파는 것에서부터 시작된다. 히라이는 전자 비즈니스를 모른다."

확실히 나는 전자 사업에 관해서는 아마추어일지 모른다. 하지만 당시의 소니는 '텔레비전의 판매 대수에 의존하는 유통 모델'이라고 하는 낡은 과제를 품고 있다는 것이, 아마추어의 눈에도 보일 만큼 분명했다. 따지고 보면 다른 가전을 팔기 위해 TV의 이익을 희생하면서까지 범용 가격대에서 한국산 및 중국산과 정면 승부를 벌이고 있는 상태였다.

그 결과는 멈추지 않는 적자였다. 내부 논리가 앞선 결과다. 이 악순환의 사슬을 끊어야 한다.

이런 사정을 눈치챈 이가 나와 이마무라 씨, 다카키 씨가 처음은 아닐 것이다. 이전에도 조금만 분석해 보면 알 수 있었던 일이었다. 언젠가는 물량 위주의 경영에서 벗어나지 않으면 안 된다. 그러기 위해서는 해외의 판매 회사를 추려야 한다…. 어떤 일을 해야 할지 알고 있었음이 분명하다.

"그거 내가 해? 아직 그렇게까지 하지 않아도 어떻게든 되잖아."

이것이 그때까지 소니의 숨김없는 본심이었던 것은 아닐까 생각한다. 즉, 문제를 뒤로 미루는 것이다. 그 누구도 '악역'을 하고 싶지 않았던 것은 아닌가…. 나는 SCE 사장으로 게임 비즈니스라는 다른 세계에 있었기 때문에 이런 관점으로 본다는 사람도 있을지 모르지만, 내가 잘못 이해한 것은 아닐 거라고 생각한다.

그런데 나와 이마무라 씨, 다카기 씨가 담당이 되었을 때는 이미 안이한 말은 할 수 없는 상황에 몰려 있었다. 8년 연속 적자다. 이대로 문제를 방치하고 우리까지 뒤로 미루면, 직원들도 머리로는 위험하다는 것을 알면서도 '아직은 괜찮지 않을까' 하고 생각하게 된다. 그래서는 위기감이 현장에까지 전파되지 않는다. 우리 매니지먼트 팀으로서는 더 늦기 전에 행동으로 보여 줄 필요가 있었다.

다른 한편 "텔레비전은 반드시 부활할 수 있다"라고도 생

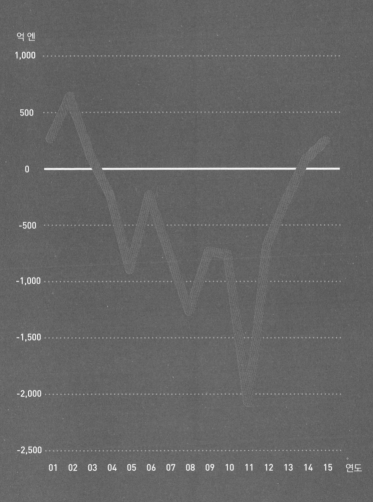

텔레비전 사업 손익의 추이

억 엔

1,000	
500	
0	
-500	
-1,000	
-1,500	
-2,000	
-2,500	

01 02 03 04 05 06 07 08 09 10 11 12 13 14 15 연도

각하고 있었다. 스스로 뛰어든 범용 시장에서의 승부에는 선을 긋고, 한국산이나 중국산과의 차별화를 추구하면 반드시 빛을 찾을 수 있다는 계산에서다.

이마무라 씨는 이것을 "화음을 철저히 연마한다"라고 표현했다. 화음은 화면畫과 소리音라는 뜻이다. 누가 봐도 차이를 알 수 있는 영상과 소리로 승부하자는 것이다. 내 식으로 말하면 'KANDO'다.

구체적으로는, UX와 직결되는 칩셋이나 음향에는 아낌없이 자금을 투입하기로 했다. 다만 누구에게나 감동을 주는 경지에 도달하는 것이 하루아침에 이루어질 수는 없다.

2015년 무렵부터 '양보다 질'의 성과가 제품에 반영되기 시작했다. 이때부터 4K를 지원하는 고화질 프로세서 'X1'을 탑재해 처음으로 고해상도 음원에 대응하는 제품을 선보였다. 이후 우리는 철저히 4K TV에 투자를 집중했다. "소니 TV가 바뀌었다"라고 고객이 실감하게 하기 위해서는 부단한 노력을 거듭할 수 밖에 없다.

TV 사업이 비원의 흑자를 달성한 것은 2014년도의 일이다. 실로 11년 만의 일이었다.

애플에서 배운 것

—

약간 이야기가 옆으로 새지만, 당시 소니를 애플과 비교하는 기사를 읽은 적이 있다. 내 입장에서는 소니와 애플은 서로 완전히 다른 비즈니스를 하는 회사라고 생각하지만 그래도 뭔가 비교되는 부분이 있다.

애플은 2007년에 아이폰을 발매했다. 2010년대에 들어서자 전 세계에서 스마트폰이 보급되기 시작했다. 혁신으로 가득 찬 제품으로 세상을 깜짝 놀라게 하는 애플에 대비해서 기세가 꺾인 소니라고 하는 도식으로 언급되는 경우가 많았다.

사실 일찍이 소니가 애플의 매수를 검토했던 적이 있다는 것은, 알 만한 사람은 다 아는 이야기다. 나도 자세한 것까지는 모르지만 1995년에 소니 사장으로 취임한 이데이 노부유키 씨가 인터뷰 등에서 밝힌 적이 있다. 이데이 씨는 사장 취임 전에 쓴 '향후 10년'이라는 리포트에서, 만일 애플을 매수하면 "AV는 소니, IT는 애플"이라고 하는 역할 분담이 가능하다는 구상을 했다고 한다. 단지, 당시의 소니는 영화나 음악 등 엔터테인먼트 사업을 강화하고 있었기 때문에 이데이 씨 자신도 "정말 해 보려던 것은 아니었다"고 한다.

어디까지나 머릿속 생각에서 벗어나지 않는 이야기였다

고 생각하지만, 당시의 애플이 경영 혼란으로 주가도 침체하고 있었기 때문에 이런 이야기가 나왔을 것이다. 소니뿐만 아니라 캐논과 IBM도 인수와 합병을 검토했다는 보도가 있었다.

1985년 공동 창업자 스티브 잡스가 축출되면서 애플이 침체에 빠지기 시작한 것은 잘 알려진 일이다. 그러나 1997년 잡스가 복귀하자 순식간에 회생의 계단을 올라갔다. 그 후의 약진은 새삼스레 말할 것도 없다. 과연 경제사에 길이 남을 극적인 턴어라운드였다.

내가 소니 사장에 취임한 다음 해 아직 재건에 한창일 무렵, 어느 저명한 영국인 금융 저널리스트가 미국의 금융 사이트에서 "애플이 경영 부진의 소니를 매수하면 어떨까"라는 리포트를 발표했다. 두 회사의 입장이 완전히 역전되었다고 말하고 싶었는지도 모르겠다.

경영을 맡은 입장에서, 두 회사는 전혀 다른 회사기 때문에 일일이 신경 쓸 필요는 없지만, 그래도 이래저래 비교되는 일이 많았던 것 같다.

다만 애플로부터는 큰 교훈을 얻은 바 있다. 그 정도 빈사 상태에서 다시 시작하더라도 제대로 된 매니지먼트가 리더십을 갖고 훌륭한 제품과 서비스를 제공하면 다시 빛을 볼 수 있다는 사실이다.

애플의 경우는 잡스라는 강렬한 카리스마를 가진 리더가 개혁을 단행했다. 잡스가 애플에서 추방되어 있던 시기에 한 상담회에서 그를 만난 적이 한 번 있다. 온몸에서 에너지가 넘쳐흐르는 느낌이었다. 둥근 안경에 검은 터틀넥, 청바지라는 친숙한 모습으로 미팅에 나타나, 조금이라도 마음에 들지 않는 것이 있으면 날카로운 안광으로 쏘아보며 사정없이 상대를 몰아간다. "아, 소문 그대로인 사람이구나"하고 생각했던 것이 지금도 기억이 난다.

'이견'을 구하다

—

'훌륭한 상품과 서비스를 추구한다'라는 잡스의 신념을 내 식으로 바꾸어 말하면 'KANDO'가 될 것이다. 이 점에 있어서는 우리에게 공통점이 있다고 생각한다. 그러나 그와 나는 경영 스타일도 턴어라운드의 방법론도 전혀 다르다.

나는 카리스마 지도자가 아니고 나 혼자서는 아무것도 할 수 없는 사람이다.

소니에서 아픔을 동반한 턴어라운드를 추진하기 위해서는 절대적으로 신뢰할 수 있는 팀을 만드는 것이 반드시 필요하다고 생각했다. 서로 다른 배경과 강점을 가진 프로 집단을 만들어야 턴어라운드라는 프로젝트를 완수할 '타율'이 극적으로 향상된다.

이것을 내게 가르쳐 준 사람은 소니컴퓨터엔터테인먼트 아메리카 재건을 함께한 앤디, 즉 앤드루 하우스와 잭 트레튼 두 사람이었다. 소니 입사 전 센다이에서 영어를 가르친 경험이 있어서 일본어도 유창히 구사하는 앤디는 마케팅 전문가, 반면 잭은 세일즈의 프로였다.

음악 업계 출신으로 여전히 소니뮤직에 적을 두고 있던 나에게 게임 비즈니스는 미지의 세계였다. 그래서 그곳에서 싸워 본 경험이 있는 그들의 의견이 귀중했다.

예를 들면 월마트나 토이저러스 등 미국의 소매 대기업과 어떻게 친분을 쌓을 수 있을까. 기본 중의 기본부터 잭에게 물었다. 타 업종 출신으로, 동료끼리 발목을 잡아당기는 분열 직전 상태의 SCEA를 이끌어야 할 중책을 맡은 나에게 모르는 것을 솔직하게 모른다고 물어볼 수 있는 그들은 없어서는 안 될 존재였다.

'아는 척하지 않는다'는 리더로서의 나의 철학은 어쩌면 그들과 같은 타 분야 프로들과의 만남에서 형성된 것인지도 모른다. 그리고 또 한 가지 내가 소중히 여겨 온 철학이 있다.

바로 '이견을 구한다'는 것이다.

이견이란 글자 그대로 다른 의견을 뜻한다. 아무리 우수한 사람이라도 특정 사업의 모든 것을 알 수는 없다. 설령 어떤 분야에 정통한 사람이라도, 다른 사람의 발언에서 힌트를 얻어 생각도 못했던 새로운 발상을 하게 되는 일이 왕왕 있다.

'이견을 말해 주는 프로'를 찾아내 주변에 두는 것은 리더에게 꼭 필요한 소양이 아닌가 싶다. 그러기 위해서는 주위 사람들이 "이 사람은 성실하게 이견에 귀를 기울여 준다"라고 믿을 수 있도록 신뢰 관계를 쌓아 올릴 필요가 있다. 그와 동시에 리더로서 책임질 각오가 되어 있다는 것을 말로 표현하고, 또 행동으로 보여 줄 필요가 있다. 그렇지 않으면 '이견'을 모을 수 없다. 앤디와 잭은 아직 서른다섯 살이었던 내게 이런 것들을 가르쳐 주었다.

그리고 '이견을 모은다'는 내 경영 철학의 밑바탕에는 태평양을 건너 이주를 거듭했던 어린 시절의 경험이 있다. 어디를 가든지 항상 새로운 문화와의 만남이 기다리고 있었고, 지금까지 살던 땅에서 기른 내 나름의 '의견'은 통용되지 않았다. 언제나 새로운 견해, 즉 '이견'을 수용하지 않으면 적응할 수 없었다. 그리고 어린 나이였지만 허심탄회하게 이견을 수용하다 보면 반드시 눈에 보이는 세계가 조금 넓어진다는 것을 거

듭 경험했다. 그때마다 스스로가 성장하고 있다는 것도 실감할
수 있었다.

뉴욕 퀸스의 레프락 시티에서 처음으로 옆집 친구가 생겼
을 때도 그랬다. "여기는 일본이다"라고 혼나며 일본식 학교 교
육에 당황했던 초등 4학년 때도 그랬다. 다이버시티^{다양성}라는
말을 그대로 구현한 듯했던 국제기독교대학 캠퍼스에서의 날
들도 그랬다.

이견을 모으고 이를 수용해 나가는 것은 경영 철학 이전
에 내 삶의 발자취 그 자체였던 것 같다는 생각이 든다.

소니는 일찍이 "모난 돌을 구함!"이라는 신문 광고를 내고
별난 재주꾼들을 모아 성장해 온 회사다. 1969년이니까, 정확
히 내가 레프락 시티에서 최초의 '이견'과 직면하고 있던 무렵

"모난 돌을 구함!"이라고 어필한 신문 구인 광고(1969년)

의 일이다. 어릴 적 일이니 나는 "모난 돌을 구한다"는 광고를 내던 무렵의 소니에 대해서는 잘 알지 못한다. 하지만 아마 의도하는 바는 같을 것이라고 생각한다.

나에게 거리낌 없이 이견을 말해 주는 사람. 그것도 나와는 다른 능력을 가진 진짜 프로를 찾아야 한다. 그런 인재가 내 매니지먼트 팀에 필요했다.

마음에 두고 있던 인물이 있었다…. 소네트의 사장이던 요시다 켄이치로 씨다.

삼고초려

—

요시다는 나보다 한 살 위고, 한 해 빨리 소니에 입사했다. 소니미국 주재원을 거쳐 증권 업무팀과 재무팀에서 경험을 쌓고, 이데이 노부유키 씨가 사장일 무렵 비서실장을 역임했다. 음악과 게임을 거쳐 소니 본사 일에 종사하게 된 나와는 달리, 당시 소니의 중추라고 할 수 있는 부서들을 경험해 온 사람이다.

하지만 비서실장을 맡은 후인 2000년 자원해서 소니커뮤니케이션네트워크So-net, 소네트로 파견을 나갔다. 소네트가 그룹 내의 중요한 자회사이기는 하지만, 요시다 씨는 모두가 '직계'

라고 생각하는 라인에서 벗어난 것이다. 그것도 자의로. 그 후 2005년에 소네트의 사장으로 취임했고, 같은 해에 소네트를 도쿄증권 마더스에 상장시켰다(후에 도쿄증권 1부로 변경).* 즉, 스스로 '방계'로 뛰쳐나가, 거기서 경영자로서의 경험을 쌓고 있었던 것이다. 그것도 40대 중반이라는 비교적 이른 나이에.

그의 실적을 좇는 것만으로도, 요시다 씨가 나와는 완전히 다른 길을 걸어온 프로라는 것을 눈치챌 수 있을 것이다. 실제로 그랬다.

요시다 씨와 처음으로 만난 때는 내가 SCE 사장이면서 네트워크프로덕츠&서비스그룹의 EVP도 맡고 있을 무렵의 일이다. 요시다 씨가 인솔하던 소네트는 NPSG에게 중요한 파트너 회사였다.

그 무렵 NPSG 매니지먼트 팀에서 주최하는 회식에 요시다 씨도 참석하고 있었다. 요시다 씨는 회식 때마다 '소니에 관한 일고'라는 제목의 간단한 보고서를 가져왔다. 주제는 그때그때 달랐지만, 건배 전에 요시다 씨가 그 자료에 입각해 간단

---

* 도쿄증권거래소는 1부, 2부, 자스닥(스탠더드, 그로스), 마더스(Mothers)의 네 개 시장으로 나뉘어 있었으나, 2022년 4월 4일부터 프라임(Prime), 스탠더드(Standard), 그로스(Growth)의 세 개 시장으로 개편되었다.

한 프레젠테이션을 했다.

　그의 발표는 매회 놀라울 정도로 소니의 현 상황을 적확하게 파악하고 있어 요시다 씨가 강구하는 대책에도 설득력이 있었다. 처음엔 "이 친구 공부에 열심이네" 하는 정도였지만, 이내 "이거 보통내기가 아닌데"라고 생각하게 됐다.

　그렇게 생각한 것이 나만은 아니었던 것 같다. 나중에 들은 바로는, 나의 전임자인 하워드도 요시다 씨의 재능을 알아보고 소네트를 그만두고 소니의 매니지먼트 팀에 참여해 달라고 여러 번에 걸쳐 타진했었다고 한다.

　요시다 씨는 응하지 않았다. 상장 기업이 된 소네트를 이끄는 리더로서의 책임감 때문이었을 것이다.

　2012년 4월 하워드의 뒤를 이어 사장이 된 나는 곧 소네트를 완전 자회사로 흡수하기로 결정했다. 소네트는 상장 기업이었기 때문에 소니는 시장에서 주식을 매집하는 TOB를 실시했다. 둘 다 상장 기업이기 때문에 딜이 완결될 때까지는 신중에 신중을 거듭할 필요가 있어서, 당분간은 요시다 씨와의 대화를 삼가지 않을 수 없었다.

"예스맨이 되지는 않겠습니다"

—

소네트가 소니의 자회사가 된 뒤, 나는 요시다 씨에게 소니의 매니지먼트 팀에 참여해 달라고 부탁했다. 여러 번 얘기했던 것으로 기억한다. "요시다 씨가 소니로 돌아와 주었으면 합니다. 저와 한 팀으로, 파트너로 소니 재건 업무를 함께해 줄 수 없겠습니까."

이런 식으로 내 나름의 열의를 전달한 것으로 기억한다. 처음엔 "생각할 시간을 달라"는 대답이었다. 소니의 완전 자회사가 되었어도 요시다 씨에게는 소네트 리더로서의 역할이 있다고 생각했기 때문일 것이다. 책임감이 강한 요시다 씨가 그리 생각할 것이라고, 나도 짐작하고 있었다.

그래도 이 사람은 꼭 함께해야 한다고 생각했다. 이 사람이야말로 소니 재건이라는 대업을 완수하기 위해서 반드시 필요한 파트너였다.

그것을 확신하게 만든 대화가 있었다. 요시다 씨가 내게 이렇게 말했다.

"저는 예스맨은 되지 못합니다. 하고 싶은 말은 하는 사람입니다만, 그래도 괜찮겠습니까?"

"당연합니다. 바로 그게 내가 부탁하고자 하는 겁니다."

요시다 씨는 재무에 밝을 뿐만 아니라, 이미 소네트라고 하는 회사를 이끌어 온 만큼 경영자로서도 경험이 풍부하다. 나와는 다른 힘을 가진 프로인 셈이다. 그러나 이때의 대화를 통해 이 사람은 그 이상이라는 것, '이견을 말해 줄 사람'이라는 것을 실감했다. 그래서 직설적으로 전했다.

"저는 의견도 이견도 다 듣습니다. 다른 견해가 이견입니다. 그리고 앞으로 해야 할 일이 한가득입니다. 괴로운 결단도 내려야겠죠. 다만 한 가지 약속드리는 것은, 저는 한 번 결정하면 무조건 해낸다는 것입니다. 도중에 사다리 걷어차거나 하지 않습니다. 절대로 물러서지 않습니다."

이런 말을 요시다 씨에게 던졌다.

요시다 씨는 내가 소니 복귀를 타진할 때 나와 나눈 대화 중에 "소니에게는 은혜를 갚아야지"라고 중얼거린 적이 있다. 본사를 떠나 소네트에서 자기의 성을 쌓았다고는 하지만, "소니가 이럴 리가 없다"라고 하는 마음이 전해져 왔다. 하워드의 소니 복귀 타진을 거절하면서도, '소니에 관한 일고'라는 제목으로 옛 직장의 개선책을 우리에게 내민 배경에는 요시다 씨 나름의 생각이 있었을 것이다.

이런 대화 끝에 나는 파트너를 얻었다. 소니 사장이 된 지 1년여 만인 2013년 12월의 일이다. 요시다 씨는 처음에는 집

행역 EVP 부CFO이면서 CSO Chief Strategy Officer, 최고전략책임자로 취임했지만 얼마 있지 않아 CFO가 되었다. CFO는 문자 그대로 재무 책임자지만, 요시다 씨는 재무에 머무르지 않고 나의 소니 턴어라운드 계획의 파트너로서 그의 능력을 발휘해 주었다.

요시다 씨의 동료도 함께 데려올 수 있었던 것은 행운이었다. 그가 도토키 히로키 씨다. 도토키 씨는 야마이치증권 출신의 이시이 시게루 씨와 함께 소니은행을 창업한 멤버 중 한 명이다. 그때까지 나와의 접점은 많이 없었지만 소니 그룹에서는 유명한 사람이었다.

그 후에 소네트로 이직해 요시다 씨의 오른팔로 활약해 왔다. 이쪽도 나와는 전혀 다른 분야를 걸어온 프로다. 그리고 단순한 심복이 아니라 요시다 씨에 대해서 할 말은 하는 사람이라는 소문을 진작부터 듣고 있었다. 즉, 이견을 말할 수 있는 사람이라는 것이다.

나는 2018년에 사장에서 퇴임하면서 후임을 요시다 씨에게 맡겼는데, 그 요시다 씨가 CFO로 임명한 것이 도토키 씨였다. 내가 요시다 씨를 전폭적으로 신뢰해 CFO로 임명했던 것처럼, 요시다 씨도 도토키 씨에게 같은 역할을 기대한 것이라고 생각한다. 요시다 씨가 그 정도로 신뢰하는 사람까지 매니지먼트 팀에 들일 수 있었던 것은 정말 행운이었다.

도토키 씨는 SVP로 사업 전략과 코퍼레이트 디벨로프먼트, 그리고 트랜스포메이션을 담당했다. 즉, 소니 재건의 참모역이다. 그 후에는 현안이기도 했던 모바일 사업의 재건도 담당하게 되었다.

주장은 서로 달라야
—

이 주에 한 번 정도 정례 미팅을 열어 요시다 씨가 내 오피스에 와서 여러 가지 프로젝트의 진척 등을 보고하는데, 그 안에서 서로 이견이 부딪쳤다.

지금 돌이켜 보면 끝까지 요시다 씨와 의견이 갈라지는 일은 그리 많지 않았던 것 같은데, 한번은 서로의 주장이 정면으로 엇갈린 적이 있었다. 미국 전자 사업 전략의 문제였다.

소니 최대의 라이벌인 삼성이 2013년부터 베스트바이와 손잡고 시작한 사업이 '숍인숍Shop in Shop'이라고 부르는 것이었다. 베스트바이 매장에 삼성 제품만 취급하는 구역을 따로 만들어 다른 업체보다 단연 돋보이게 전시한다는 구상이었다.

이것을 소니도 해야 하는가 아닌가….

나의 의견은 "해야 한다"였다. 한편, 요시다 씨는 "해서는 안 된다"는 입장. 베스트바이의 매장 내라고 해도 전용 구역을 만들려면 나름대로의 투자금이 필요하다. 자그마한 '소니 코너'를 만드는 게 아니라 숍인숍이라는 이름 그대로 매장 안에 다른 매장을 만드는 것이기 때문이다.

요시다 씨의 의견은 비용 대비 효과를 감안할 때 불확실한 요소가 많다는 것이었다. 하긴 이 사업으로 TV나 디지털카메라가 얼마나 팔릴지는 해 봐야 안다. 특히 TV는 한창 재건 중이었다. 당시는 2014년 초로 흑자 전환을 달성할 수 있을지 어떨지의 갈림길에 서 있었다.

내 주장은 직감적인 것이었고, 솔직히 말하면 요시다 씨의 주장이 정론이었다고 생각한다.

그러나 결론부터 말하면 이때는 내가 밀어붙였다.

당시는 미국에서 가전 소매점이 차례차례로 규모를 축소하고 있던 시기였다. 서킷시티Circuit city, 콤프USAComp USA, 라디오쉑Radio Shack 같은 전문점이 차례차례 파산 지경에 이르고, 시어스 등 대형 매장에도 여파가 미치고 있었다. 이른바 '아마존 이펙트'의 물결이 미국 유통 업체들을 덮치던 때였다.

그중 베스트바이는 몇 안 되는 생존자였다. 즉, 미국에서 가전을 판다면 베스트바이를 빼놓을 수 없다. 설령 삼성의 뒤를 쫓는 일이 되더라도 여기서 숍인숍에 투자하지 않으면 베스트바이 입장에서는 '소니는 우리 일은 뒷전이군'이라고 생각할 것이다.

좀 더 말하자면, 당시는 KANDO를 구현하는 제품이 겨우 탄생하고 있던 시기였다. 나는 곧잘 음악 업계 경험으로 "상품이 스타다"라고 말하곤 하는데, 엔지니어들이 자부심을 갖고 세상에 내놓은 상품이 각광받게 하려면, 선반이나 배치 위치 그리고 조명을 비추는 방법까지도 우리 뜻대로 연출할 수 있는 숍인숍이야말로 안성맞춤이라고 생각했다.

특히 신경이 쓰이는 것은, 상품과 연결되는 케이블류다. 조잡하게 전시된 매장에서는 케이블이 눈에 보일 뿐만 아니라 여러 개가 서로 얽혀 늘어져 있는 경우도 있다. 이래서는 디자이너들이 열심히 만든 상품의 멋이 엉망이 된다. 자택에 어떻게 세팅하면 상품이 더 멋지게 보일까. 그 '견본'을 보여 주는 것도 우리의 일이 아니겠는가. 숍인숍이라면 그런 디테일까지 고집할 수 있다는 것도, KANDO를 부르짖는 우리에게 중요한 점이라고 생각했다.

소니에게 상품은 스테이지에 오르는 아티스트와 같다. 빛날 수 있도록 우리가 도와야 한다.

요시다 씨에게는 이견을 말해 준 것에 감사하면서도, "그래도 이것은 할 테니까"라고 말하고 강행했다. 중요한 것은 "책임은 내가 지겠다"고 천명하는 것이다.

베스트바이 숍인숍의 모습

　요시다 씨가 훌륭하다고 생각하는 것은 서로 이견을 부딪힌 결과, 한번 하겠다고 결정하면 주저 없이 실행에 옮겨 버리는 점이다. 주장은 엇갈려야 비로소 끝난다. '답'을 찾았다면, 뒤로 미루지 말고 곧바로 실행이 있을 뿐이다.

이견을 구하는 마음가짐
—

사안을 결정하는 과정에서 서로 이견을 부딪혀 보는 것, 그리고 그렇게 할 수 있는 분위기를 만드는 것이 내가 매니지먼트 팀을 운영하면서 지키는 대원칙이다. 그리고 그 전제가 되는 세 가지 마음가짐이 있다.

첫째, 리더는 먼저 듣는 역할에 철저해야 한다. 나는 회의에서 가급적 발언을 삼가려고 한다. 특히 모두 발언은 될 수 있는 한 피한다. 처음에는 '이 사람은 전자를 모르기 때문에 말하지 않는 걸까'라고 생각한 것 같지만, 상관없다. 나는 모르는 게 있으면 솔직히 모른다고 말한다. 모두 발언을 삼가는 것은, 리더의 입장에 있는 사람이 말하기 시작하면 그 자리에 있는 사람들이 아무래도 듣는 역할을 해야 하기 때문이다. 리더가 말하지 않으면 때로 적막한 가운데 분위기가 어색해지기도 하지만 '잠시의 정적'을 겁내지 말고, 우선은 이견이 제기되기 쉬운 분위기를 만드는 것이 먼저다. 그러자면 리더는 입을 다물 줄 알아야 한다.

둘째, 기한을 정하라. 나는 결론이 나지 않는 회의를 싫어하지만, 한 번의 회의에서 결론이 나지 않을 때도 있다. 그런 경우에는 "언제까지 무엇을 업데이트한다"라고, 그 자리에서 확실히 결정하는 것이 좋다.

셋째, 이게 리더의 역할인데, 마지막은 리더 자신의 입으로 방향을 잡는 것. 그리고 한번 정하면 흔들리지 않는 것. "내가 책임진다"라고 직설적으로 전하는 것이다.

특히 리더가 된 초기에는 말로 '책임은 내가 진다'는 것을 의식적으로 알려야 한다. 단도직입적으로 말하면, 리더의 역할이란 방향을 정하는 것, 그리고 그것에 대해 책임을 지는 것이다. '이 사람은 한번 결정하면 도중에 사다리를 차거나 하지 않아'라는 생각이 들지 않는 한 아무도 이견을 말해 주지 않는다.

책임을 지는 것은 리더지만, '한번 결정하면 나중에 다시 이러쿵저러쿵하지 않는다'는 것은 리더뿐 아니라 그 자리에 있는 매니지먼트 팀 전원이 공유할 필요가 있다고 생각한다.

사장에 취임하기 직전의 회의에서 나는 새로운 매니지먼트 팀의 멤버들에게 이렇게 호소했다.

필자의 사장 시절을 함께 한 '팀 히라이'의 멤버들

"나중에 가서야 '사실 그때, 나는 아닌 줄 알았다'는 말은 없었으면 좋겠습니다. 틀렸다고 생각한다면, 지금 그렇게 말해 주세요." 요시다 씨나 도토키 씨, 이마무라 씨나 다카기 씨 등 매니지먼트 팀의 멤버로부터 "사실은 그때" 식의 뒷말이 나오는 일은 추후에 없었다.

고뇌의 사업 매각

—

2014년 2월 우리는 큰 결단을 내렸다. 적자를 면치 못하는 전자 부문 개혁의 일환으로 PC 사업 매각과 TV 사업 분사를 결정한 것이다. 이에 따라 5,000명의 인원을 추가로 감축하게 됐다.

특히 주목을 받은 것이 VAIO PC 사업 매각이었다. 사업의 존속을 위해 검토를 거듭했지만 유감스럽게도 당시 상황에서는 어떻게 할 수 없다는 결론이 났다. 역시 OS기본소프트와 반도체라고 하는 PC의 성능을 결정하는 2대 요소를 타사의 조달에 의지하고 있었기 때문에, 텔레비전과 같은 차별화는 어렵다고 판단했다.

물론 논란 속에서 많은 이견도 있었다. 일반 사용자용이 아니라 좀 더 전문적인 고스펙 상품으로 특화하는 것은 어떨까 하는 방안도 검토했다. 요시다 씨와도 몇 번이나 논의를 거듭했지만, 최종적으로는 역시 소니에서 이 사업을 계속하는 것은 어렵다고 하는 결단에 이르렀다.

VAIO가 소니의 역사를 장식하는 상품이라는 것은 나도 잘 알고 있다.

사실 소니는 1980년대에 한 번, "HiTBiT"라고 하는 PC를 발매했다가 판매 저조로 철수한 적이 있다. 1990년대 들어 인터넷이 퍼지면서 PC 보급이 급증하기 시작하자 재진입을 검토했다.

후발 주자였기 때문에 타사에 없는 것을 추구한 결과, 소니가 강점을 가지는 AV와 컴퓨터의 융합이라고 하는, 당시로서는 획기적인 아이디어에서 탄생한 것이 VAIO다.

VAIO는 'Video Audio Integrated Operation'의 줄임말이다(이후에 개칭). 이 콘셉트와 무엇보다 소니가 자랑하는 음향과 영상기술이 이미 레드 오션으로 변해가는 듯 보였던 PC 시장에서 큰 차이를 낳았고, VAIO는 순식간에 소니의 주력 사업으로까지 성장했다.

그런 간판 상품을, 하필이면 '전자를 모르는 사장'이 팔아 버린다. 이 결정에는 각 방면에서 통렬한 비판이 쏟아졌다. 어느 잡지에는 "소니 소멸! 수명이 다한 「연명 경영」"이라는 충격적인 제목의 특집이 게재되었다. 안타깝지만 소니를 떠나게 된 분들의 증언이 연재된 적도 있었다.

사업 매각에 대해 미디어로부터 비판적인 톤의 기사가 나오는 것은 감내할 수 있었다. 그러나 개인적으로 잊을 수 없는 일이 그해 여름에 있었다.

앞서 말한 것처럼 나는 아쓰기 테크놀로지 센터에서 열리는 여름 축제에 매년 참가하고 있었다. 엔지니어들의 생생한 목소리를 듣기 위해서다. 그해에도 참가했다.

맥주를 들고 건배를 하자 가족을 데리고 온 직원이 말을 걸었다.

"히라이 씨, 기념으로 같이 사진을 찍어도 될까요?"

"그럼요!"

거기까지는 좋았는데 이 사원이 이렇게 덧붙였다.

"사실 저는 배터리 개발을 하고 있습니다. 그러니까, 매각 대상입니다"

말을 이을 수 없었다. 무슨 생각으로 '정리 해고'를 결정한 당사자에게 기념 촬영을 부탁했는지. 그 직원과 가족의 표정이 지금도 눈에 선하다.

리튬이온전지는 소니가 세계 최초로 개발한 '기술의 소니' 의 상징과 같은 사업이었다. 물론 PC에도 사용하고 있다. 단지 PC처럼 범용화의 흐름이 강해지면서, 한국이나 중국 메이커가 대두하고 있었다. 전지 사업이 길러 온 기술과 인재를 살리고 장래에 한층 더 발전해 가기 위해서는 무엇이 가장 바람직한 길인가. 무척 어려운 판단이었지만, 최종적으로는 무라타 제작소에 매각하기로 합의했다.

이 직원도 소니가 세계 최초로 실용화한 사업에 함께한 것을 자랑스럽게 여겼을 것이다. VAIO의 사원들도 "타사의 꽁무니 쫓기"라든지 "왜 이제 와서"라는 말을 들으면서도 레드 오션에 파고들어, 자못 소니다운 '차이'를 훌륭하게 만들어 낸 것을 자랑으로 생각하고 있었을 것이다.

그런 엔지니어의 긍지는 소니그룹의 일원인 나에게도 큰 자랑거리이다. 그렇기 때문에, 뭔가에 찔린 듯 가슴이 아프다. 누구라도 이런 결단은 하고 싶지 않다. 하지만, 내가 하지 않으면 또 미루게 된다. 소니의 지휘를 맡은 몸으로 그것은 용서받을 수 없는 일이다.

나는 자주 "히라이는 전자를 알지 못하는 '밖'에서 온 인간이기 때문에 냉정한 판단을 내릴 수 있다"라는 비난을 받았지만, 마음이 아프지 않을 리 없다. 내가 내리는 판단 하나하나가 직원과 그 가족의 인생을 크게 좌우한다는 것을 늘 명심할 생각이다.

그런데도 면전에서 "당신에게 잘렸습니다"라는 말을 들으면, 가슴을 찌르는 듯한 아픔을, 정리 해고의 결단을 경험한 적이 있는 경영자가 아니면 이해할 수 없을 아픔을 느끼게 된다.

이 직원에게는 그동안의 공헌에 대한 고마움을 솔직하게 전했다. 어쩌다 이런 판단에 이르게 되었는지 그 경위를 다시 한 번 설명했다. 그렇다고 어떻게 되는 것도 아니지만, 그게 직원에 대한 내 나름의 예의라고 생각했다.

PC 사업의 매각처인 일본산업파트너스에는, 사원의 처우를 약속받는 것을 매각의 전제 조건으로 교섭에 들어갔다. 그 외에도 매입 의사를 밝힌 후보는 있었지만, 사원의 처우를 확약하지 않는 회사와는 처음부터 협상에 나서지 않는다는 입장을 관철했다. 그럼에도 소니를 떠나는 직원들의 불안을 다 헤아릴 수는 없을 것이다.

VAIO는 그 후, 공장이 있는 나가노현 아즈미노시에 본사를 두는 VAIO 주식회사로 사업을 존속하고 있다. 존속을 넘어 불과 이 년 만에 흑자 전환에 성공해 지금도 계속 성장하고 있다고 한다. 매각을 결정한 우리를 비웃는 듯한 활약상이다.

다시 한 번 말하지만, 마음이 아프다는 이유로 힘든 결정을 뒤로 미루어서는 안 된다. 소니의 경영을 맡은 리더로서 한 번 결정한 것은, 이 길이 옳다고 판단한 것은, 무슨 일이 있어도 끝까지 해내야 한다.

핑계나 푸념은 있을 수 없다. 경영자는 결과를 내지 않으면 안 된다. 무슨 말을 듣더라도 결과를 내야 한다. 그것이 나에게 주어진 소임이다.

노스탤지아와의 결별
—

종전 직후인 1946년 5월 7일, 도쿄통신공업이라는 이름으로 소니가 태어났다. 유리창도 없는 허름한 건물에서 시작해 처음에는 부서진 라디오를 수리했다고 한다. 밥통에 알루미늄 전극을 단 전기밥솥을 만들어 보거나 전기방석을 팔아 보기도 했지만, 1950년에 첫 국산 녹음기를 개발하면서 음향기기 업체로 첫발을 내디뎠다. 그 후의 성장은 지금까지 얘기한 그대로다.

소니의 역사에서 주력 사업으로 인정받을 정도로 성장한 사업을 매각한 것은 실로 VAIO가 처음이었다. 지금의 비즈니스로 성장시키기까지, 당연히 많은 분들이 에너지를 쏟아부었다. 과연 선배들의 노력의 결정체라 할 수 있을 것이다.

그런 마음이 담긴 VAIO를 매각해 버리자, 소니의 여러 OB분들로부터 이런저런 '충고'가 나에게 전해졌다. 편지가 오기도 했고, 면회를 요구하는 일도 있었다.

솔직히 말하겠다…. 당초에는 이런 면담 요구를 모두 거절했다. 일체 무시하고 있었던 것이다. 편지는 조금 훑어보기도했지만, 내용은 한마디로 말해 "옛날이 좋았다"라든가 "전자를경시하는 경영은 괘씸하다"라는 류의 내용뿐이었다.

이제 와서 그런 말을 한다 해도 노스탤지Nostalgie에 불과하다. 그중에는 나를 포함한 경영진의 퇴임을 강요하는 사람도있었다. OB 중에는 직접 회사에 오시는 분도 있었지만 만나지않겠다는 것이 나의 기본 방침이었다. 기분 나쁜 말이 되겠지만, "그런 노스탤지가 소니를 지금과 같은 회사로 만들어 버린것은 아닐까"라고까지 생각한 적도 있다.

나중에 어떤 분의 충고를 듣고, OB분들의 의견도 들어 보자고 생각을 조금 고쳐먹었다. 그분들의 이야기를 들으면서 소니 창업기 경영자의 마음가짐이나 지혜 등, 소니 역사의 중량감과 경의를 느꼈다. 그러나 내가 지향해야 할 소니의 턴어라운드 방향은 조금도 달라지지 않았다.

소니를 일본이 자랑하는 세계적인 기업으로 키워 온 선배들의 노력에는 최대한의 경외감을 잃지 않을 것이다. 이 말에는 거짓이 없다. 그러나 때에 따라서는 위대한 성공이 그 후의성장을 저해하는 요인이 될 수도 있다. 현재의 경영 방향은 현

역의 경영자가 결정해야 한다.

내가 신입 사원으로 있을 무렵에 이미 소니는 전자의 글로벌 컴퍼니로 이름을 떨치고 있었다. 일본 산업계를 대표하는 성공 체험이다. 하지만 시대가 바뀌었다. 언제까지나 "워크맨을 낳은 소니"만을 되뇔 수는 없다.

전자가 쌓아 올린 성공 체험을 모두 부정할 생각은 없다. 실제로 선배들이 쌓아 올린 많은 자산을 이어받아, 고객에게 KANDO를 전달할 수 있는 제품과 서비스를 개발하고자 한다. 좋은 전통은 남기되, 다음 시대로 향하기 위해 바꿔야 할 것은 바꿔야 한다. 단지 그것뿐이다.

주역은 내가 아니라 현장에서 지혜를 짜내고 있는 사원들이다. 내가 할 일은 그들에게 방향을 제시하고 거기에 대한 책임을 지는 것이다. 그 꽃이 피기까지는 아직 조금 더 시간이 필요했다.

—

제 6 장

새로운 숨결

영화 비즈니스 구조의 변화

—

나는 좌우명이 뭐냐는 질문을 받으면 "Where there is will, there is a way"라고 답한다. "의지가 있는 곳에 길이 열린다"는 게 내 신념이다.

특히 외국 기업가와 얘기를 나누다 보면, 그 비전을 실현해 나가는 속도감에 압도되는 경우가 많다.

예전에 선밸리 회의에 참가했을 때, 친구이기도 한 넷플릭스 창업자 리드 헤이스팅스에게서 이른 아침 산책을 권유받은 적이 있다.

넷플릭스가 "자, 지금부터 해외 진출에 도전한다"라고 하는 단계에서, 리드는 일본으로 진출할 생각이라고 털어놓으며 나에게 조언을 구했다.

"일본은 특수한 마켓이야. 내 음악 비즈니스 경험으로 말하면, 일본에서는 로컬 콘텐츠가 굉장히 중요할 거라고 생각하네. 미국 영화나 드라마로만 밀어붙이려 하면 어렵지 않을까?"

이런 식으로 조언했던 걸로 기억한다. 일본이 특수한 시장인 것은 리드도 이해하고 있었을 것이다. 리드는 고개를 깊이 끄덕이며 내 말을 듣고 있었다.

그 당시 리드가 소니에게 제휴를 제의한 것은 아니다. 어디까지나 친구로서 조언을 구했기 때문에, 나도 솔직하게 대답했다. 다만 결과적으로는 소니픽쳐스엔터테인먼트가 넷플릭스에 콘텐츠를 제공하게 되어, 넷플릭스는 2015년에 일본에 진출했다. 당시 파죽지세로 공격을 퍼붓는 듯한 넷플릭스의 스피드를 보며 "역시나"라고 생각했다.

넷플릭스를 비롯한 아마존, 훌루Hulu 등 인터넷을 통한 동영상 콘텐츠 전송 서비스는 영화 제작사의 본질에 변화를 가져왔다. 물론 시청자들이 보고 싶어 하는 재미있는 영화를 만든다는 점에서는 달라진 게 없다. 그러나 영상 콘텐츠의 자산으로서의 가치가 바뀌었다. 그것은 비즈니스 모델의 대전환을 의미한다.

영화를 극장의 큰 스크린에서 즐기는 것의 가치는 변하지 않을 것이다. 나도 정말 좋아한다. 초등학생 때 아버지가 데려가신 극장에서 스탠리 큐브릭 감독의 〈2001 스페이스 오디세이〉를 보았을 때의 감동은 지금도 생생하다. 이 영화는 그 후에도 수십 번이나 봤다.

거기에 가정용 VTR이 '타임 시프트'라고 하는 새로운 가치를 부가했다. 나중에 DVD나 블루레이가 보급되어 가정에서도 대형 액정 TV로 박진감 있는 영상을 즐길 수 있게 되자 영상 자산의 가치는 더 커졌다.

그다음에 온 것이 인터넷에 의한 영상 전송의 시대이다. 그러면 무슨 일이 일어날까. 블루레이와 DVD의 패키지 판매 비즈니스 수익이 순식간에 떨어지기 시작했다.

소니 영화 사업의 원점은 1989년 인수한 콜롬비아픽처스 엔터테인먼트다. 방대한 영화 작품이라는 자산이 블루레이나 DVD가 되어 소니 전체의 수익을 떠받치던 시기도 있었지만, 영상 미디어 자체에 대전환의 시대가 도래하면서, 패키지 판매 가 가지는 경제적 가치를 재검토하지 않을 수 없게 되었다.

그래서 우리는 처음으로 콜롬비아픽처스엔터테인먼트를 인수한 시점의 영업권 가치를 재평가했다. 그러자 무려 1,121

억 엔의 감손처리가 필요한 것으로 나왔다. 2017년 1월 말, 우리는 이 엄청난 손실을 감손처리할 것임을 공표했다. 현안이었던 전자 사업이 간신히 흑자로 돌아선 직후였다.

"도쿄를 맡아 주게"
—

산 넘어 산이다.

다만 이때는 해야 할 일이 명확했다. 인터넷 전송이라고 하는 새로운 시대에 맞는 비즈니스 모델로의 전환이다. 소니픽처스가 가지고 있는 훌륭한 컨텐츠의 힘을 어떻게 인터넷 시대에 발휘하도록 만들 수 있을까. 넷플릭스는 라이벌이 아니라 파트너로 봐야 한다.

다행히 그때 이미 매니지먼트 팀의 체제가 갖추어져 있던 것이 나에게 큰 힘이 되었다. 나는 동료인 요시다 씨에게 솔직하게 말했다.

"이제는 내가 픽처스를 맡아 다시 세워야 하겠습니다. 반 년 동안 미국에 다녀올까 합니다. 그동안은 요시다 씨에게 도쿄를 맡기고 싶습니다."

즉, 사장이자 CEO인 나는 로스앤젤레스에 있는 소니픽처스의 재건에 전념하고, 그동안 소니의 경영은 실질적으로 요시다 씨에게 맡긴다는 것이다.

외부에서 보면 '이거 무모한 거 아냐'라고 생각할지도 모르겠다. 최고경영자가 본사를 비우는 일이다. 하지만 나는 조금도 불안하지 않았다. 요시다 씨를 매니지먼트 팀에 영입한 지 3년 정도 된 시점이었다. 요시다 씨를 절대적으로 신뢰했고, 역할 분담도 명확하게 돼 있다는 자신감이 있었다.

요시다 씨의 대답도 시원시원했다.

"알겠습니다. 도쿄는 저에게 맡겨 주십시오."

그렇게 해서 나는 소니픽처스 본사가 있는 로스앤젤레스 컬버 시티에 상주하게 됐다. 나는 베벌리힐스에 가구가 딸린 아파트를 얻은 뒤, 가족이 사는 샌프란시스코 교외에서 자동차로 이사했다.

그때부터 평일에는 베벌리힐스에서 컬버 시티로 이동하고, 주말은 포스터 시티에서 보내는 생활이 시작됐다. 도쿄는 가끔 출장가는 정도였다.

결론부터 말하면 의외로 빨리 도쿄로 돌아올 수 있었다. 소니픽처스 CEO에서 퇴임한 마이클 린튼의 후임으로 CBS 방송과 폭스 TV 등에서 잔뼈가 굵은 앤서니 빈시퀘라를 영입할 수 있었기 때문이다.

앤서니 빈시퀘라를 초빙한
소니픽처스의 타운홀 미팅

소니 재건의 길이 겨우 보이던 시점에 1,000억 엔이 넘는 감손처리는 확실히 작지 않은 타격이었다. 하지만 패키지 소프트웨어 판매 사업에서 인터넷 전송에 의한 리커링 Recurring, 계속 과금 사업으로의 전환은, 게임 등도 포함해 소니가 새로운 시대의 비즈니스 모델을 확립했다는 점에서 큰 의미가 있는 일이었다고 생각한다.

소니 DNA

—

이야기가 조금 왔다 갔다 하는데, 2014년에 텔레비전 사업 분사와 PC 사업 매각을 결정하고, '양에서 질로'의 전환을 전사 레벨에서 추진하기 시작했다. 그 다짐을 선명히 밝힌 것이 2015년 2월에 발표한 제2차 중기경영계획이었다.

제1차 중기경영계획과의 가장 큰 차이는 매출액을 목표로 삼는 것을 그만두었다는 점이다. 매출액을 수치 목표로 내걸면, 아무래도 회사 전체가 규모의 확대 추구를 목적으로 삼게 된다. 그러다가는 실패한 길로 되돌아갈 수도 있다. 우리의 지향점이 규모의 확대가 아니라 퀄리티의 추구임을 내외에 보여 줄 필요가 있었다.

그래서 매출액 대신 지표로 내세운 게 ROE자기자본이익률[*]였다. 주주로부터 받은 돈(자기자본)을 얼마나 효율적으로 쓰고 있는지를 나타내는 숫자다. 우리는 3년 후에 "10% 이상의 ROE를 목표로 한다"는 것을 지표로 내걸었다. 이 목표를 달성하기 위해서는 5,000억 엔 이상의 영업이익이 필요했다.

ROE를 경영 지표로 하는 것은 요시다 씨 팀에서 발안한 것이었다. 재무에 밝은 요시다 씨는 이전부터 주주의 시점을 의식하는 자세를 더 많이 보여줘야 한다고 주장하고 있었는데, 이제는 소니 전체가 관철하고자 하는 방침이 되었다.

요시다 씨의 말을 빌리면 "소니의 경영 목표가 KANDO 창출에 있다면 ROE는 경영 규율이다"라는 것이다.

여기서 중요한 것은 'ROE 10% 이상'은 어디까지나 '경영

• Return On Equity, 당기순이익÷자기자본×100

지표'라는 것이다. 목적이 아니다. 목적은 고객에게 'KANDO'가 있는 상품과 서비스를 계속 제공하는 것이다.

이 점에 대해서 오해가 많았던 것 같다. "ROE를 목표로 내걸면 투자가에게는 호소력이 있겠지만, 그걸로 이노베이션을 창출할 수 있겠는가"라는 비판을 받은 적도 많았다.

그러나 ROE는 목표치이지만 어디까지나 지표에 불과하며, 요시다 씨의 말을 빌리면 "규율을 나타내는 수치"다. 적어도 규모를 추구해서 달성할 수 있는 지표는 아니다. 어디까지나 효율을 나타내는 것이다. 이 점을 제대로 조직에 납득시키지 않으면, 다시 매출액이나 판매 대수와 같은 눈앞의 규모 확대를 쫓게 되어, 본말이 전도되어 버린다.

이 책에서 나는 종종 소니의 전신인 도쿄통신공업의 설립 취지서에 적혀 있는 문구를 소개하곤 했다. 회사 설립 목적 제1항에 적힌 "유쾌한 이상 공장의 건설"을 몇 번인가 인용하기도 했지만, 사실 이 취지서의 "경영방침" 제1항에는 "쓸데없이 규모의 크기를 쫓지 않는다"는 말이 있다. 다시 말해 '양보다 질'은 원래 소니가 DNA로 계승해 온 것이다. 우리는 그 이념을 재현했을 뿐이다. 소니는 언제부터인가 "쓸데 없이 규모의 크기를 쫓지 않는다"는 정신을 잊고 있었다. 우리는 위기를 극복하는 과정에서 그 소중함을 깨닫고 다시 찾으려 했던 것이다.

전 사업 분사의 목적

—

다시 본론으로 돌아가자. 회사 전체적으로 규율이 작동하도록 해야 하며, 개별 사업에 대해서도 투명성을 높일 필요가 있다. 그래서 내세운 것이 전 사업의 분사 방침이었다. 이미 텔레비전 사업은 분사한 상태였지만, 이것을 회사 전체로 넓힌다. TV면 TV, 비디오&사운드면 비디오&사운드에 특화해서, 우선은 몸집을 가볍게 하는 것이다.

분사한 다음에는 각 사업(각 사) 별로, 자본을 유효하게 활용하고 있는지를 나타내는 ROIC투하자본이익율*의 목표치를 설정한다. 이 목표치가 사업에 따라 다르다는 것도 분사하는 이유 중 하나였다. 어찌 보면 회사의 전 사업 부문에 걸쳐 일률적으로 매출과 이익 증대를 지향해서는 안 된다는 의미이기도 하다.

소니는 다양한 사업 부문을 가진 그룹이기에 사업에 따라 처한 상황에 상당한 차이가 있다는 현실이 이러한 판단의 배경이었다. 그래서 우리는 전 사업을 세 그룹으로 나눠 생각하기로 했다.

- 세후순영업이익(NOPAT)÷영업투하자본(IC)×100, 생산 및 영업활동에 투자한 자본으로 어느 정도 이익을 거두었는지를 나타내는 지표

첫 번째는 '성장 견인 영역'이다. 이는 말 그대로 소니 전체의 성장을 견인하는 사업이다. 디바이스, 게임, 영화, 음악이 여기에 해당한다. 이 성장 견인 영역에는 적극적으로 자본을 투하할 것이다. 즉 중점적으로 성장 투자를 이어 간다.

두 번째는 '안정 수익 영역'이다. 디지털카메라 등의 이미징 프로덕츠나 비디오&사운드 사업이다. 전체 시장에서는 성장을 전망하기 어렵지만, KANDO의 추구로 범용 제품과는 선을 긋는다. 타사 제품과의 차별화를 끝까지 추구해 나가야 할 영역이다.

세 번째는 '사업 변동 리스크 컨트롤 영역'이다. 약간 이해하기 어려운 명칭이지만, '안정 수익 영역' 이상으로 가격 경쟁이 심한 분야로, 여기서는 투하 자본을 억제하고 이익의 확보를 목표로 한다. 한발 앞서 분사한 TV와 모바일을 이 영역으로 지정했다. 한때 '전자의 소니'를 대표했던 TV는, 소니 전체로 보면 유감스럽게도 자본 투하를 억제하지 않으면 안 되는 비즈니스가 되었다고 판단하지 않을 수 없었다.

사업에 따라 분사한 후, 각각 다른 재무 목표를 부과한다. 이럼으로써 본사와는 분리된 채 각 사업 부문이 스스로 책임을 지고 각각의 경영 지표를 기초로 각각의 접근법으로 성장을 도모한다. 이런 모습의 그룹을 구축하는 것을 목표로 했다.

바꾸어 말하면, 소니 본사에는 경영 기획과 일부 관리 부문, R&D 부문만 남는 이른바 작은 본사를 지향하게 되었다. 이 또한 요시다 씨가 주장해 온 것이다.

조금 이야기가 건너뛰지만, 이때로부터 3년 후 나는 소니의 지명 위원회에 내 후임 사장 겸 CEO로 요시다 씨를 추천하게 된다. 요시다 씨와는 소니의 개혁에 대한 전략을 짜고 실행에 옮길 때마다 함께 의논하는 한편 이견 때문에 싸우기도 했다. 이인삼각으로 함께 뛰어온 사이다. 나로서는 후임을 맡길 사람이 그밖에 없다고 생각했다. 독자들도 아마 납득하시리라 생각한다.

미완의 모바일 개혁

—

지금까지 'KANDO의 추구'나 '아픔을 동반한 개혁', 그리고 '양에서 질로' 같은 키워드로 우리가 추진해 온 소니의 턴어라운드를 되돌아보았지만, 물론 모든 것이 계획대로 진행된 것은 아니었다.

경영 개혁에는 끝이 없다. 다음 세대에 넘긴 것을 열거하기 시작하면 한두 개가 아니지만, 그중 하나를 꼽자면 모바일 사업이다.

앞에서 말한 대로, 자본 투하를 억제하는 '사업 변동 리스크 컨트롤 영역'으로 분류했지만, 실은 2012년 내가 사장으로 취임한 다음 주에 발표한 경영 방침에서는 모바일을 "강화해 나가야 할 코어 사업"으로 평가하고 있었다. 당시에는 삼성과 애플에 이어 점유율 3위를 노리며, 모바일 사업에서 매출 1조 8,000억 엔이라는 목표를 세웠다.

소니가 가지고 있는 디지털 이미징 기술 그리고 게임과 음악 콘텐츠의 힘을 융합시키는 등 힘을 쏟아부어, '원 소니'를 상징하는 사업으로 육성하는 청사진을 그리고 있었다.

모바일은 과거 스웨덴의 에릭슨과 협업한 이른바 피처폰의 시대에는 그 나름의 존재감이 있었지만, 일본에서도 스마트폰이 보급되기 시작해 차별화가 힘들어지자 서서히 점유율도 떨어지기 시작했다.

2015년 2월 모바일을 사업 변동 리스크 컨트롤 영역으로 지정하기 3개월 전, 소니 모바일의 재건을 요시다 씨와 함께 소네트에서 소니로 돌아온 도토키 히로키 씨에게 맡겼다. 도토키 씨에게 부탁한 것은 첫째도 둘째도 모바일 사업의 흑자 전환이었다.

도토키 씨는 소니가 자랑하는 기술을 도입해 고급화를 추구하고, 그럼으로써 중국의 샤오미나 화웨이의 대두로 가속화하던 스마트폰의 범용화 흐름에서 벗어나고자 했다.

예를 들어 2016년에 발매한 '엑스페리아XXperia x'에서는 피사체의 움직임을 미리 읽어 핀트를 맞추는 기술을 탑재했고, 이어폰이나 프로젝터 등 유저에게 새로운 체험을 제공하는 상품군을 제안하기도 했다.

하지만 계속해서 발버둥 치다시피 노력했지만 분명한 '차이'를 내세우는 것이 좀처럼 쉽지 않았다. 모바일에 관해서도 텔레비전처럼 무슨 일이 있을 때마다 애널리스트나 미디어로부터 "팔지 않을 것인가", "철수하지 않는 것인가"라는 질문을 받았다.

좀처럼 점유율 회복의 길이 보이지 않는데도 모바일 사업을 계속해서 고집한 것은, 이 비즈니스는 한 번 손에서 놓으면 재진입이 어렵다고 판단했기 때문이다.

자주 사용하는 비유지만, 지구 반대편에 있는 사람과도 텔레파시로 커뮤니케이션이 가능한 시대가 될 때까지는(그런 시대가 올지 어떨지 모르겠지만), 매개체가 되는 사물이 있어야 커뮤니케이션이 가능하다. 그리고 사람과 사람 사이의 커뮤니케이션이 없어지는 일은 없다. 이런 점에서 모바일은 보편적인 비즈니스라고 할 수 있다.

그 물건의 형태가 반드시 지금의 스마트폰과 같을 필요는 없다. 10년이나 20년 후에는, 아마도 완전히 다른 형태의 기기를 사용하고 있을 것이다. 하지만 그것이 커뮤니케이션 툴인 것은 확실하다. 소니에서 거기에 연결되는 기술과 자산을 가지고 있는 것이 현재의 모바일 사업인데, 현 상황이 어렵다고 해서 철수해 버려도 괜찮은 것일까. 보편적인 비즈니스란 달리 말해 거대 비즈니스라 할 수 있다. 그럼에도 철수해 버려도 좋은 것일까.

　역사를 되돌아보면, 모바일 커뮤니케이션은 어느 순간 비즈니스 모델이 완전히 달라지고, 그때마다 리더도 바뀌었다. 초기 휴대폰에서는 모토로라와 노키아, 에릭슨이 업계를 지배했고, 1990년대 말 일본에서 i모드가 태어나자 휴대폰은 데이터 통신 기능을 갖추게 됐다. 그런데 2007년에 애플이 아이폰을 투입하자, 스티브 잡스가 "전화의 재발명"이라고 말한 그대로, 이 업계의 세력 판도가 극히 단기간에 바뀌어 버렸다.

　다음에는 무엇이 올까. 어떤 비즈니스 모델의 대전환을 보게 될까. 솔직히 거기까지 내다보지는 못한다. 다만 이 업계에서 계속 안테나를 펼치고 있으면, 다음 패러다임 시프트의 도래를 재빨리 파악해 우리가 그 리더가 될 기회가, 적어도 철수해 버릴 때보다는 클 것이다. 기회를 노릴 만한 가치가 있는 일 아니겠는가.

좀처럼 점유율이 늘지 않고 적자가 지속되는 눈앞의 상황만 보고 그 기회를 스스로 버리는 것은 잘못된 판단이라는 게 내 생각이었다.

'차세대의 싹'을 키워야 한다

—

내가 소니의 지휘를 맡았을 때, 소니는 4년 연속 적자로 고통받고 있었다. 전자의 핵심이자 소니의 간판인 TV는 그때까지 8년 연속 적자. 따라서 지금까지 말한 대로, 소니의 최고경영자가 된 나에게 부과된 최대의 미션은, 완전히 패기를 잃은 것처럼 보였던 이 회사의 턴어라운드였다.

다행히 요시다 씨 등 이견을 서로 부딪칠 수 있는 멤버를 얻을 수 있었고, 가야 할 길도 조금씩 보이기 시작했다. 2015년도부터는 업적에서도 흑자가 정착되었다.

그러나 턴어라운드의 목표는 아픔을 동반하는 구조 개혁이나 그 결과로 오는 눈앞의 흑자 전환만이 아니다. '더 좋은 소니를 차세대에 남긴다'는 것이 매니지먼트 팀 공통의 생각이었다.

장기적인 소니의 성장을 위한 기술 자산, 브랜드, 고객으로부터의 신뢰, 인재, 이것들이 계속 성장할 수 있는 조직 문화를 남기는 것이 우리의 가장 중요한 임무라고 생각하고 있었다. 미래에 꽃을 피우기 위한 씨를 뿌리고 그 싹을 키워야만이 진정한 턴어라운드가 될 수 있다.

애당초 내가 가장 먼저 직원들에게 호소한 것이 "KANDO를 만들어 내는 회사가 되자"였다. 신문 등에 대대적으로 보도되는 사업 매각과 인력 감축 등 구조 조정은 이를 실현하기 위한 수단에 지나지 않는다.

상황이 어려울 때는 설비 투자를 쥐어짜기도 했지만 연구개발비만큼은 일정 수준을 유지하도록 했다. 고객에게 KANDO를 제공하는 제품을 만들기 위해서는 아무래도 그에 걸맞은 투자가 필요하다. 그리고 고객에게 감동을 주는 제품과 서비스를 만들어 내는 회사가 되고, 언젠가 그것이 수익으로 연결될 때 비로소 턴어라운드가 완성되었다고 할 수 있다.

그런 미래 사업의 싹을 키우기 위해서 내가 힘을 쏟아부은 사업 세 가지를 소개하기 위해 지면을 조금 할애하고자 한다.

TS사업준비실

—

사장 취임 직후인 2012년 6월. 당시 R&D 담당 임원인 스즈키 도모유키 씨가 주최한 'R&D 오픈 하우스'를 견학하기 위해 아쓰기를 방문했다. 아직 제품화되기 전의 다양한 R&D 기술을 실제 개발하고 있는 엔지니어가 직접 소개하는 자리다. 활기로 가득 찬 행사장에는 새로운 기술의 전시품이 즐비해, 그야말로 보물섬 같다는 생각이 들었다. 그중 한 전시품에 눈길이 갔다. '4K 초단초점超短焦点 프로젝터'였다.

　현장의 엔지니어에게 질문하자 눈을 반짝이며 설명해 준다. 일반적으로, 프로젝터로 큰 영상을 투영하려면 벽에서 떨어진 위치의 천장 등에 설치해야 한다. 그러나 이 전시에서는 큰 벽의 바로 아래에 기자재가 설치돼 있고, 거기서부터 벽을 향해 거의 수직으로 영상이 투영되고 있었다. 뒤틀림도 완벽하게 보정되어 정면에서 보면 깨끗한 직사각형이었다. "지금 보고 있는 영상이면 어느 정도 크기인가"라고 물었더니, 100인치 정도의 대화면에 4K 해상도라고 한다. 엔지니어가 자랑스럽게 설명을 마치자, 우두머리인 스즈키 씨도 "이거 대단하죠? 어떻게든 제품으로 출시하고 싶은 걸요"하며 그 역시 눈을 반짝였다. 나로서도 깜짝 놀랄 기술이었다.

당시 소니에는 이런 모험적인 상품을 내놓을 만한 기운이 전혀 없었다. 하지만 나는 이것이야말로 소니라고 생각했다. 몇 달 후, 한층 더 개량되었다고 해서 아쓰기에 또 가서 보았는데, 모든 사업부가 상품화에 나서기를 주저하고 있었다. 그렇다면 사장인 내가 힘을 써 상품화를 추진해야 되는 것 아닐까.

나의 스태프인 CEO실 주도로 수개월에 걸쳐 사업부와는 별개의 라인에서 상품화를 위한 조직과 인재를 정비해 'TS사업준비실'이 발족되었다. 2013년 3월의 일이었다. 전통적인 상품 카테고리에 포함되지 않는 모험적인 상품을 탄생시키는 것이 미션이다.

TS사업준비실은 기존의 조직에 넣지 않고 사장 직할로 했다. 사장 직할로 지켜주지 않으면 이런 식의 새로운 도전이 가능할 수 없다고 생각했기 때문이다. 카메라 사업 출신으로 당시 태국 제조사업소장을 맡고 있던 데시로기 히데히코 씨를 실장으로 점찍고 급히 도쿄로 불러들였다. 소수 정예의 출범 멤버를 꾸리기 위해 전사로부터 다양한 배경의 인재를 모았다.

이후 사장 직할 프로젝트로, 나 자신이 매월 멤버와의 회의에 참석해 진척을 듣고, 의견은 강요가 되지 않을 정도로만 전달했다. 기본적으로 멤버의 창의성을 존중해, 나는 이 프로젝트를 뒤에서 응원하는 입장으로 일관했다.

연말이 다가오자 프로젝트 팀에서 라이프스페이스 UX_{Life}
_{Space UX}라는 콘셉트를 제시했다. TS사업준비실에서 제안하는
상품은 고객이 생활하는 공간_{Life Space} 속에 스타일리시한 형태
로 자연스럽게 녹아들어, 하드웨어 기기가 아니라, 그 기기를
통해 얻을 수 있는 풍부한 체험_{User Experience}을 선사하겠다는 의
미였다.

TS사업준비실을 창립하는 계기가 된 4K 초단초점 프로
젝터도 이 콘셉트에 따라 기술뿐 아니라 디자인과 모양새도
다듬었다. 전원을 끄면 마치 아름다운 백색 가구와 같이 여백
의 아름다움을 보여 주는 모습이 됐다.

새해가 얼마 남지 않은 어느 날, 이 정도 진척이면 괜찮
지 않을까 하는 생각으로, 라이프스페이스 UX의 콘셉트와 4K
초단초점 프로젝터를 CES에서 발표하고 싶다며 데시로기 씨
와 상의했다. 마침 2014년 1월 미국 라스베이거스에서 열리는
CES에서 내가 기조연설이라는 대역을 맡기로 돼 있었다. 시간
이 얼마 없음에도 불구하고 "합시다!" 쪽으로 의견이 모아졌다.

이후 멤버들은 연말연시까지 반납하고 라스베이거스 CES
에 딱 달라붙어 놀라운 속도의 추진력으로 CES 발표 전까지
준비를 마쳤다. 전시 공간의 디자인도 거실 같은 구조를 고집
했다. 노력한 보람이 있어서 라이프스페이스 UX는 CES에서

벽가에 놓는 것만으로
거실 벽에 최대
147인치의 영상을
투사하는 4K 초단초점
프로젝터 'LSPX-W1S'
(2015년)

유기 유리관을 진동시켜
투명한 듯한 음색으로
방 안을 채우는 글래스
사운드 스피커 'LSPX-S1'
(2016년)

초단초점 렌즈를 채용해,
자리를 차지하지 않으면서
벽이나 테이블 위에
영상을 투사할 수 있는
포터블 초단초점 프로젝터
'LSPX-P1'(2016년)

큰 호평을 받았다.

　TS사업준비실은 이후에도 '글래스 사운드 스피커', '포터블 초단초점 프로젝터' 등 가슴 설레는 상품을 제안했다.

　장렬한 구조 개혁이 막 시작된 힘든 환경이었다. 수익으로 보면 거대한 소니 안에서는 작은 존재였을지도 모른다. 하지만 고객에 대한 이미지 개선은 물론이고, 직원을 향해서도 "더 자신 있게, 리스크가 있어도, 새로운 것에 도전할 수 있다"라는 메세지를 던질 수 있었다고 생각한다. TS사업준비실은 이후 발전적으로 해체되어 글래스 사운드 스피커 등의 제품은 사업부로 이관됐지만, 이 뜨거운 경험으로 크게 성장한 멤버들은 지금도 소니 곳곳에서 활약하고 있다.

　지금까지 외부에 거의 말한 적이 없지만, 데시로기 씨 등이 제안한 'TS'의 숨겨진 의미는 'The Sony'였다.

시드 액셀러레이션
—

TS사업준비실을 설립한 지 얼마 되지 않았을 때의 일이다. 마침 텔레비전 사업의 분사와 PC 사업의 매각이라고 하는 고뇌의 결단을 내렸을 무렵, 사람들로부터 "전자를 모르는 사장에 의해 소니는 해체되는 것인가"라는 비판을 받고 있을 때, 또 하나의 신규 사업 프로젝트가 태동하고 있었다.

'시드 액셀러레이션 프로그램SAP'이다. 사내에 잠자는 신규 사업의 씨앗시드을 발굴해 사업화 하는 것을 목표로 하는 프로그램이다. 후에 '소니 스타트업 액셀러레이션 프로그램SSAP'으로 개칭했는데, 이 책에서는 SAP로 표기하겠다.

"이런 새로운 걸 해 보고 싶다."

"아직 그 누구도 본 적이 없는 것을 세상에 내보이고 싶다."

"내 아이디어에 대한 세상의 반응을 듣고 싶다."

그런 야심을 가슴에 간직한 사원이 새로운 상품과 서비스를 하나둘 만들어 내는 것이 바로 소니의 DNA였다. 플레이스테이션의 게임 비즈니스도, 원래는 반도체 엔지니어였던 구타라기 켄 씨가 음악 업계에 있던 마루야마 시게오 씨 등을 끌어들여 형태를 갖추게 된 사업이다. 그것이 어느 사이에 소니의 중핵을 담당하는 거대 비즈니스가 되었으니, 실로 가슴 벅찬 일이 아닐 수 없다.

분명 소니에 뿌리내리고 있을 이런 상향식Bottom up DNA가, 언제부터인가 자취를 감춘 것처럼 느껴졌다. 하지만 내가 잘못 생각하고 있었음을 차츰 깨닫게 되었다.

현장 사원들과는 지속적으로 점심 미팅을 하고 있었는데,

그것이 계기가 되었다. 앞에서 말한 대로 소니라고 하는 회사의 현 상황을 파악하기 위해 현장 사원의 소리에 귀를 기울이려고 노력했고, 그래서 점심 미팅을 자주 가졌다.

참가자의 연령과 소속은 때마다 다양했지만 30대에서 40대의 중견급 직원이 많았다. 주제를 사전에 정하는 일은 없다. 되도록이면 솔직한 의견이 듣고 싶어서다. 그렇다 해도 상대는 사장이고, 꺼내기 어려운 말도 있을 것이다. 그래서 내 쪽에서 이렇게 말을 꺼낸다.

"요즘 무슨 고민이라도 있나?"

누군가가 대답하면 조금씩 발언이 늘어 간다. 그렇게 되면 내가 듣는 쪽이 된다. 회의에서도 그렇지만, 가급적 내 쪽에서는 말을 아끼고 이견이나 속내를 이끌어 내려고 한다.

그러자 이런 불만을 많이 듣게 되었다.

"저는 꿈을 갖고 소니에 입사했습니다. 하지만 현실은 적자이고, 이런 제품을 만들어 보고 싶다거나 이런 걸 해 보고 싶다고 사내에서 얘기해도 '지금은 그런 말을 할 때가 아니잖아'라는 핀잔만 듣습니다."

"저는 신제품에 대한 아이디어가 있습니다. 나쁘지 않다고 생각하지만 아무도 들어주지 않습니다."

"새로운 것에 도전하고 싶어도 어디로 들고 가야 할지 모르겠습니다."

이런 고민과 불만이 거의 매번 사원들에게서 나왔다. 나는 이 책에서 몇 번인가 이 회사에는 정열의 마그마가 부글부글 끓고 있었다고 했는데, 바로 이것이었다. 새로운 일에 도전하고 싶은 직원들의 열정의 마그마를 수없이 목격했다. 상향식 DNA는 결코 사라진 게 아니었다. 여기에 이렇게 존재하는데도, 우리가 모르는 사이에 뚜껑이 덮이고, 아무도 열어 보려 하지 않은 것은 아닌가.

아이디어와 의욕이 넘치는 것은 멋진 일이지만, 난감한 상황이라는 생각도 들었다. 의욕이나 야망이 가득한 사원들에게, 소니는 숨 쉬기 어려울 정도로 답답한 곳이 아닐까. 이대로 방치하면 이들은 회사를 떠나 버릴 것이다. 우수하고 의욕적인 사람들이 소니에 가졌던 애정을 잃을 것이다.

시급히 손을 쓰지 않으면 안 된다. 이런 열정의 마그마는 회사가 살려야 한다. 마침 그즈음에, 나의 스태프인 CEO실을 통해, 말 그대로의 '상향식' 제안이 들어왔다. 사내의 신규 사업 아이디어를 모아 사업화를 지원하는 새로운 조직을 만들고 싶다는 것이다. 설명을 듣고자 바로 제안자를 불렀다.

그것이 오다시마 신지 씨다. 본사 사업 전략 부문에 속해 있던 당시 30대의 스태프로 부서에서 가장 젊었다. 지금은

SSAP이전의 SAP의 리더로 완전 유명인이 되었다.

사장이 관여하라
—

그에게서 시드 액셀러레이션 제안을 듣고 바로 지금의 소니에 필요한 것이라고 생각했기 때문에, "어떻게 하면 실행에 옮길 수 있을지, 3개월 줄 테니 검토해 보게"라고 부탁했다. 그러자 그는 철저히 사내의 목소리를 들었다고 한다. 하루 일을 마치고 밤마다 젊은 직원들을 모아 "새로운 일을 하는 데 지장은 없나" 하고 물어봤더니 신규 사업 아이디어가 성사되지 않는 이유가 수백 가지나 됐다고 한다. 대략 내가 점심 미팅에서 들었던 것과 비슷한 이유들이었던 것 같다.

다음에 그가 설명하러 왔을 때는, 사장 직할이라는 자리매김, 사내 아이디어를 고르는 것에서 더 나아가 외부의 기업가도 참여하는 오디션, 신규 사업의 가속 지원 등 플랜이 더 구체적으로 짜여 있었다.

나는 그에게 즉시 실행하라는 지시를 내렸다. 이렇게 해서 SAP가 탄생했는데, 오다시마 씨의 제안대로 사장 겸 CEO인 나의 직할 프로젝트로 하는 것이 매우 중요하다고 생각했다.

여기에는 소니만의 사정이 있다.

그때까지 소니는 사장의 지시로 새로운 프로젝트가 가동하기 시작해도, 반년만 지나면 "그런 것이 있었어?"가 되는 경우가 다반사였다. 경영진이 지시를 내린 것은 좋지만 경영진 스스로가 관여하지 않는다. 그러면 일을 맡은 사람도 사내에서 말이 통하지 않고, 어느새 '시켜서 하는 일'이 되어 버린다. 그러는 사이에 자연히 소멸된 프로젝트가 지금까지 몇 개나 있었던 것일까.

소니의 정열의 마그마를 터뜨린다는 중대한 미션을 짊어진 프로젝트가 이래서는 안 된다. 사장 직할로 내가 계속 관여하고 있는 모습을 보이는 것만으로 사내의 닫힌 문이 열릴 수도 있을 것이다. "이것은 히라이 씨가 힘을 쓰고 있는 사업이구나"라는 인상을 주는 것만으로, 사내에서 일의 움직임이 달라질 것이다.

이러한 새로운 시도를 추진하면서 리더가 "나머지는 부탁하네"라고 말하고 부하에게 맡겨서는 절대로 안 된다. 그 부하는 자기 밑의 부하에게 통째로 던지고, 그리고는 또 그 밑으로, 하는 식으로 일이 진행되어, 결국은 어느새 어디선가 사라져버린다. 특히 규모가 큰 조직일수록 리더가 강력하게 관여해야 조직이 움직이기 시작한다.

실제로 이러한 시드를 육성하는 프로젝트에서는, 특히 신규 사업의 대상이 하드웨어, 즉 '물건'이 되면, 손을 움직여 프로토타입시제품 을 만들 필요가 있다. 하지만 시작 단계에서는 최소 생산 단위가 지극히 작아진다. 젊은 사원이 공장이나 연구소에 부탁하면 왕왕 "이런 바쁜 때에…"라며 난색을 표한다. 뒤로 미루어진 사이에 프로젝트는 정체되고 시간만 흘러가 버린다. 대기업에서 신상품 개발의 시드 액셀러레이션이 잘되지 않는 요인이 이런 곳에도 있다고 생각한다.

하지만 내가 생산 담당 임원에게 머리를 숙이고 한마디 부탁하면 어렵지 않게 일이 시작된다. 어쩌면 총수가 멋대로 하는 것처럼 보일 수도 있겠지만, 이는 특히 대기업에서는 의외로 중요한 일이다.

그런 연유로 본사 1층 안쪽에 만든 'SAP 크리에이티브 라운지'에는 나도 될 수 있는 한 시간이 날 때마다 불쑥 얼굴을 내밀었다. 그것만으로 '저 일은 히라이 씨가 힘을 쓰고 있는 사업이다'라고 하는 메시지가 사원들에게 전달되기 때문이다.

여기에는 시제품에 필요한 3D 프린터와 레이저 커터 등도 놓여 있어서, SAP에 응모한 젊은이들이 어떤 물건을 만들고 있는지를 실제로 볼 수 있다. 메시지를 사원들에게 전달하기 위해서라고 했지만, 부지런히 무언가를 만들고 있는 직원들의 이야기를 듣는 것도 나에게는 너무나 즐거운 일이었다.

소니라는 대기업 안에서 SAP 같은 프로젝트를 달리게 하려면 상당한 열정이 요구된다.

사원의 가슴속에 숨어 있는 '열정의 마그마'를 주변 모두가 응원하는 체제가 필요하다.

나는 한 번 '한다'라고 마음먹으면 절대로 페이드 아웃은 시키지 않는다. Bottom-Up 제안자인 오다시마 씨의 열정을 지원하고 이 프로젝트를 반드시 성공시키기 위해 요시다 씨에게 부탁해 도토키 씨가 이 프로젝트의 고문을 겸임하도록 했다. 도토키 씨는 소네트에서 수많은 인큐베이션을 이끈 경험이 있고, 소니은행의 창립 멤버이기도 하다. 말하자면 SAP 같은 사내의 신규 비즈니스 창설에 대해서는 모르는 것이 없는 사람이다.

도토키 씨에게도, SAP처럼 새로운 상품이나 서비스가 태어나는 것을 예감케 하는 인큐베이션 사업은 가슴을 뛰게 하는 일이 아니었을까.

또 하나의 노림수
—

한편 인큐베이션 사업에는 피해 갈 수 없는 조금 싫은 역할도 있다. 그것은 '이것은 상품이 되기 어렵다'고 생각되는 아이디어에 대해서는 분명히 "NO"라고 말하는 것이다. 의욕에 넘치는 동료를 향한 비정한 선고로 보일 수도 있겠지만, 이것도 매우 중요한 역할이라고 나는 생각한다.

연이어 태어나는 아이디어 중에는, 상품이 될 수 없는 명확한 이유가 존재하는 것도 적지 않다. 시장성이 없거나 기술적으로 너무 앞섰거나 자금 회전이 어렵거나 등 이유는 다양하다. 이런 제안에 대해서는 안 되는 것은 안 된다고 분명히 말해주어야 한다. 그렇지 않으면 그것을 고안한 사람은 언제까지나 같은 곳에 머무르게 된다. 이만저만한 낭비가 아닐 수 없다.

안 되는 것은 안 되는 것이고, 안 되는 이유를 참고로 더 좋은 아이디어에 도전하면 된다. 그러면 성공으로 이어지는 실마리가 보일 것이다. 애당초 신규 사업에는 실패가 따르기 마련이다. 이왕 실패할 바에야 초기 단계에서 그것을 깨닫고 다시 시작하는 편이 낫다. 그 실패를 바탕으로 다시 새로운 것에 도전할 수 있다면, 그것은 이미 실패가 아니고 실패의 발견이라고 생각한다.

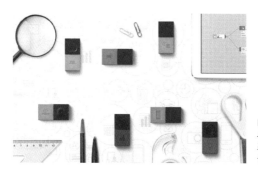

IoT블록 'MESH'.
사용자의 아이디어를
프로그래밍으로
실현할 수 있는 툴•

스마트 워치 'wena'.
겉보기에는 손목시계지만,
밴드부에 여러 기능이
들어 있는 스마트 워치.
사진은 'wena3'

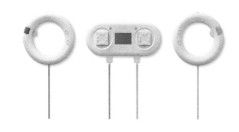

로봇 장난감 'toio'.
아이들의 창의적 사고를
이끌어 내는 완전히
새로운 로봇 장난감

• 사진에 있는 직사각형 모양의 기기가 하나의 블록이다. 각 블록은 고유한 기능을 가
지고 있고 무선으로 연결된다. 스마트폰 등에서 전용 앱을 사용해 블록을 연결하면
사용자의 의도가 자동으로 프로그래밍된다.

이렇게 해서 2014년에 시작한 SAP는 지금까지 착실하게
성과를 올려 왔다. 사업화로 이어져 고객에게 상품과 서비스로
제공할 수 있게 된 프로젝트는 2021년 3월 말 기준 17건이다.
프로그래밍 학습을 위한 IoT블록 '메시MESH,' 스마트워치인 '웨
나wena' 등이 대표적인 사례로 꼽히지만, 지금 이 시간에도 새
로운 것을 만들어 내려는 열정의 마그마는 여전히 끓고 있을
것이다.

그러고 보니, 오다시마 씨에게 준 숙제가 있다.

"SAP로 새로운 비즈니스를 만드는 데서 그치지 말고 SAP
라는 구조 자체를 비즈니스로 팔게."

소니가 아픔을 동반한 구조 개혁으로 힘들어 하는 모습만
보도되던 시기에 젊은 직원들의 시선은 '그다음'을 향하고 있
었다. 아직 갈 길이 멀다. 오다시마 씨도 강연이나 인터뷰가 쇄
도하고 있는 것 같은데, 지금보다 더 앞으로 나아가 줄 거라고
믿고 있다.

아이보 부활

—

재임 후반기에 한 일은 소니의 중장기적 사업 영역을 검토하

는 것이었다. 본사에 설치한 팀이 검토한 몇 가지 테마 중 AI 로보틱스 영역에 특히 주력해, 최종적으로 실행 부대를 꾸렸다.

여기서 강아지 로봇인 '아이보$_{aibo}$'를 부활시킨 것이 'AI 로보틱스 비즈니스 그룹'의 멤버들이었다. 아이보라면 소니가 1999년에 발매한 'AIBO'를 말하지만, 2006년에 판매가 끝난 상태였다. 그로부터 10년 뒤인 2016년, 로봇 개발에 착수한 사실을 발표하고 이듬해 이를 소문자 aibo로 부활시키겠다고 공표하자 TV 등에서 비중 있게 다뤄 화제가 됐다.

엔지니어들과 이야기하면서 AI를 활용하면 재미있는 것을 만들 수 있겠다고 생각했지만, 솔직히 최초의 프로토타입을 보았을 때는 '이거, 상품화 가능성이 50%도 힘들겠는데'라고 생각했다.

다른 경영진의 의견도 호의적이지 않았다.

"판매가 끝난 상품을 다시 발매하면 이전에 AIBO를 산 고객의 빈축을 사지는 않을까."

"도대체 왜 이제 와서 이런 걸?"

"실적이 좋아졌다고는 하지만 아직은 방심할 때가 아니다. 돈 낭비 아닌가."

말할 것도 없이 이런 이견은 대환영이다. 그리고 이견이라지만, 사실 다른 사람이 아니라 나 자신도 아이보 부활에 반신

반의했다.

그러나 매니지먼트 팀의 일원인 다카기 이치로 씨의 반응을 보고 '이거 어쩌면 잘 나갈 수 있을지도 모른다'라고 생각하게 됐다.

다카기 씨는 앞에서 말한 대로, 이마무라 마사시 씨와 콤비로 디카의 재건에서 수완을 발휘했던 사람이다. 내가 사장으로 취임했을 당시의 소니에서도 최대의 경영 과제였던 텔레비전 사업의 흑자화에 길을 터 준 사람이다. 소니 사내에서 자타가 공인하는 '경영의 프로'였다.

프레지던트회, 통칭 'P회'라고 하는 매니지먼트 팀의 정기 회합 때였다. 몇 개의 의제를 논의한 뒤, "그럼 다음은 아이보 프로토타입의 발표회 건입니다"라는 말이 나오자, 다카기 씨는 "뭐야? 아직 그런 일을 하고 있었어?"라며 회의적인 반응을 보였다.

그런데 막상 프로토타입이 움직이기 시작하자, 우리 눈에도 분명히 보일 정도로 눈을 반짝반짝 빛내며 "좋은데, 이거!"로 바뀌었다.

그 순간, 이 로봇에게는 이렇게 한순간에 사람을 사로잡을 수 있는 힘이 있구나 하는 생각이 들었다. 물론 다카키 씨가 사내 사람이라서 좋게 봐준 거라고 할 수도 있겠지만, 경영의 프로가 인정한 아이보의 매력은 상당한 것이 아닌가 생각하게 되었다.

이 개발팀을 이끈 엔지니어 가와니시 이즈미 씨와는 오랫동안 아는 사이다. 내가 SCEA 일에 관여하기 시작한 1995년 바로 그즈음, 그는 소니에서 도쿄 SCE로 파견되었다. 플레이스테이션2, 플레이스테이션3 및 PSP 개발에 종사했고, 그 후에는 모바일 사업의 개발에도 공헌했다.

본격적으로 신형 아이보 개발을 시작한 것은 2016년 여름이다. 그해 말에 대외 발표일을 2017년 11월 1일로 잡고 발매일은 2018년 1월 11일로 잡았다. 둘 다 1이 세 번 들어가서 'One One One'이 된다는 게 이유였다.*

개발진은 가와니시 씨 등 게임 부문 출신이나 모바일과 디지털 이미징의 멤버들이었다. 위화감이 적은 움직임을 만들어 내려면 디카 등에서 사용하는 액추에이터Actuator의 섬세한 제어가 필요하고, 주위의 물건이나 움직임을 탐지하는 센서나 카메라 기술도 필요하다. 뭐니 뭐니 해도 '두뇌'에 해당하는 AI나 클라우드와의 연계가, 자연스럽고 애교 있는 반려동물과 같

---

* One의 일본어 발음이 강아지 소리를 뜻하는 의성어 '왕'과 같기 때문이다. 한국어로 치면 '멍멍멍'이 된다.

은 감각을 연출한다.

그야말로 내가 주창해 온 '원 소니'를 체현한 것 같은 프로젝트다. 개발 기간이 짧아 팀에게 부담을 주었지만, 매월 개발 진척 상황을 보고받는 것은 나로서도 가슴이 두근거리는 일이었다.

아마 아이보의 부활에 가슴이 두근거린 것은 나만이 아니었을 것이다. 애당초 아이보같이 장난기 가득한 상품을 다시 세상에 내놓는 것은, 시장과 고객에게뿐만 아니라 직원들에게도 "소니가 여기까지 왔구나"라는 강렬한 메시지가 될 것이기 때문이다.

아픔을 동반한 구조 개혁 속에서 우리들 자신도 모르는 사이에 잊어버리고 있었던 "소니가 원래 이런 일이 가능한 회사였지"라는 감각을 직원들이 다시 한번 되찾는 계기가 되지 않을까 기대했다. 이 목적은 달성되었다고 생각한다.

2017년 11월에 열린 신형 아이보 발표 기자 회견에는 가와니시 씨와 함께 아이보를 팔에 안고 스테이지에 올랐다. 소니가 빛을 되찾고 있다는 것을 내외에 알리는 기회가 되었다고 믿는다. 이렇게 해서 아이보는 예정대로 2018년 1월 11일 '멍멍멍' 데이에 출시됐다. 실로 12년 만의 부활이었다.

그동안은 한 단어로 '감동' 혹은 'KANDO'라고 했지만,

가와니시 씨와 함께 한 아이보(aibo) 발표회(2017년 11월)

이즈음에는 한 마디를 덧붙여서 '라스트 원 인치last one inch의 감동'이라는 말을 쓰기 시작했다. 고객과의 접점, 즉 마지막 일 인치에 존재하는 상품과 서비스에서 받는 감동은 인간의 오감에 호소하는 힘이 있다고 한다. 그것이야말로 진짜 감동이고, 소니가 지향해야 할 가치가 아닐까 생각했다.

아이보는 고객의 일상에 함께하는 존재가 될 수 있다. 가와니시 씨와 그의 팀은 이 로봇을 통해서 '라스트 원 인치의 감동'을 구현해 주었다고 생각한다.

그러나 그들의 활약은 아이보의 부활에서 끝나지 않는다.

아이보에서 EV로

—

미국 라스베이거스에서 매년 열리는 CES. 과거에는 컴퓨터 전시회로 알려졌지만 지금은 그보다 업계 전반에 걸친 '테크의 축제'라는 느낌이 강하다. 당연히 소니도 상품이나 기술, 비전을 소개하기 위해서 매년 큰 부스를 마련한다. 나도 매년 CEO로 참가하고 있었다.

그 CES에서 소니는 2020년에 EV 플랫폼인 '비전S 프로토타입VISION-S Prototype'을 발표했다. 이것을 본 미디어에서는 "소니가 EV에 뛰어드는 것인가?"라는 추측도 흘렀지만, 어디까지나 프로토타입일 뿐이다.

당시는 내가 이미 소니의 사장직과 회장직에서 물러나 시니어 어드바이저라는 지금의 직함을 가지고 있었던 때라 자세하게 말할 입장이 아닐 수도 있지만, 이 EV의 개발을 담당한 것이 가와니시 씨가 인솔하는 AI 로보틱스 비즈니스 그룹이다.

그렇다. 아이보의 부활을 이룬 팀이 이번에는 무려 EV의 프로토타입을 만든 것이다.

강아지 로봇에서 EV로. 놀라운 비약이라고 생각되겠지만 가와니시 씨 등의 이야기를 잘 들어 보면 납득이 간다. 자동차와 소형 로봇의 경우 메커니즘은 서로 많이 다르지만, 비전S 프로토타입의 특징은 자율 주행 기술을 도입하고 있는 점에 있다. 카와니시 씨의 말에 의하면 "주변의 상황을 올바르게 인식하고 자율적으로 움직인다"라고 하는 점에서는 서로 다를 게 전혀 없다.

더 중요한 공통점은 '사람과 함께한다'는 것이다. 말할 것도 없이 자동차가 핸들을 잡은 사람의 생각대로 움직여 주지 않으면 곤란하다. 마쓰다는 이 감각을 '인마일체人馬一体'라고 표현해 명차 로드스타를 낳았지만, EV나 자율 주행차가 되어도 다를 게 없다.

'사람과 함께한다'라고 하는, 뭔가 정량화하거나 언어로 표현하기 어려운 감각의 부분이 중요하게 된다. 이것은 아이보

CES에서도 큰 화제가 된 비전S 프로토타입

나 자동차나 마찬가지라는 것이다. 사람과 기계가 만날 때 어쩔 수 없이 생기는 위화감의 갭을 소니가 가지고 있는 다양한 테크놀로지로 메워 가는 것이다.

이 '사람과 함께하는 감각'을 추구하는 일이야말로 'KANDO'라는 가치를 만들어 내는 것이다.

자동차 세계는 지금 100년에 한 번급의 대전환기를 맞이하고 있다고 한다. 고트리프 다임러와 카를 벤츠가 독일에서 가솔린차를 개발한 때가 1880년대다. 미국에서 헨리 포드가 컨베이어 벨트 방식으로 'T형 포드'의 대량 생산을 시작한 건 20세기 초의 일이다. 그때부터 극소수 부자의 물건이었던 자동차가 급속히 세상에 퍼져, 산업화되어 갔다.

그다음 약 100년 만에 찾아온 패러다임 전환의 파고 속으로 소니가 뛰어들려고 하고 있다. 어떤 결과가 나올지는 나도 모르는 일이다.

다만 그 괴로운 턴어라운드 시절에 뿌려진 씨를 요시다 씨를 필두로 하는 현재의 매니지먼트 팀이 기르고, 현장의 사원들이 그 꽃을 피우려고 분투하고 있는 것에 자부심을 느낀다. 무엇보다 그때 소니의 지휘를 맡았던 사람으로서 감사의 말을 전하고 싶다.

지금까지 더 나은 소니를 다음 세대에 남기기 위해서 사장 직속으로 한 사업들을 소개했다. 생활 공간에서의 새로운 체험을 제안하는 라이프 스페이스 UX, 신규 사업 창출 프로그램인 SAP, 그리고 아이보 부활로 상징되는 장기 시점에서의 프로젝트.

그러나 이 사업들이 소니에 잠들어 있는 열정의 마그마의 분화구 전부는 물론 아니다. 여기서 전부 다루면 페이지가 아무리 많아도 부족할 것 같아 일단 이 정도로 해 두지만, 과감한 도전을 해 준 후배들의 그 후의 활약을 듣는 것은, 나에게 있어 비할 바 없는 기쁨이다.

—

졸업

'120%의 힘으로 액셀러레이터를 밟을 수 있을까'

테크놀로지 관련 회사의 일 년은 매년 연초 라스베이거스에서 열리는 CES에서 시작된다. 나도 매년 소니 CEO로 참가해, 소니가 목표로 하는 비전이나 서비스 그리고 다양한 신제품을 단상에서 어필해 왔다.

2017년에는 1월 5일의 개막에 앞서 4일에 기자 회견을 열었다. 이것도 매년 있는 일인데, 쇼가 개막하면 세계 각국에서 모인 보도진이 광대한 부지 내를 오가느라 바쁘기 때문에, 개막 전에 미디어를 불러 그 해의 주요 상품 등을 시간을 들여 소개하는 것이다. 그해에는 소니로서는 처음으로 선보이는 4K 대응 유기TV와 하이 다이내믹 레인지HDR에 대응하는 홈 엔터테인먼트 상품이 소니의 추천 상품이었다.

연말연시는 가족이 사는 샌프란시스코 교외에서 보내므로, 라스베이거스까지는 자택 근처의 공항에서 출발해 근 한시간 정도를 비행기로 이동한다. 그 짧은 비행에서였다.

동승한 CEO실 실장 이토 야스히로 씨가 향후의 경영 방침에 대한 이야기를 꺼냈을 때, 나는 그에게 이렇게 말했다.

"잠깐만. 사실은 계속 생각하고 있던 건데. 나도 슬슬 물러날 때가 아닌가 생각하고 있어."

너무 예상 밖이었던지 이토 씨는 할 말을 잃은 듯했다.

"예?"

그 시점에, 나는 사장 겸 CEO로 임명된 지 5년이 되어 가고 있었다. 소니의 경영은 3년마다의 중기경영계획을 축으로 돌아가기 때문에, 만약 그해에 퇴임하면 실질적으로 '중도 퇴임'이 된다. 그럴 생각은 아니었고 일여 년 뒤인 2018년에 퇴임할 생각이라는 뜻이었는데 어쨌든 놀랐던 모양이다.

CEO실을 잘 이끌어 준 이토 씨는 오랜 기간을 함께한 동료다. 내가 한 번 말을 꺼내면 바꾸지 않는다는 것을 잘 알기에 금방 이해해 주었다.

당시 56세, 사장직에서 물러나기에는 나이로 봐서는 좀 이를지도 모른다. 하지만 누군가에게 바통을 넘긴다면 지금이 적기라고 생각하고 있었다. 체력적으로 큰 문제는 없었지만, 실제로 맡아보니 역시 사장이란 격무라는 것을 알게 되었다.

일 년 내내 비행기를 타고 세계 어딘가에 가서, 사람들 앞에 나와 이야기한다. 나는 이 책에서 말한 대로 현장에 가는 것을 무엇보다 중시했기 때문에 그만큼 부담이 더 컸다고 생각한다.

게다가 사장으로서 내리는 판단 하나하나에는 이루 말할 수 없을 정도로 엄청난 중압감이 있다. 거래처나 그 가족까지 포함하면 몇십만, 몇백만이 되는 사람들의 삶을 바꿀 수도 있는 일을 결단하지 않으면 안 되는 자가 사장이다.

'앞으로도 계속 120%의 힘으로 액셀을 밟을 수 있을까.'

퇴임을 결심하기 전에 몇 번이나 나 자신에게 이렇게 물었다. 힘을 120% 쓰지 않는 리더가 이끄는 회사가 된다면, 직원들에게 미안한 일이다.

앞서 말한 대로 소니의 경영계획은 3년 단위로 돌고 있었다. 그 시점에서 새로운 중기경영계획이 시작될 때까지는 앞으로 일 년. 임기를 연장하면 앞으로 4년이 남는다. 그 4년 동안 정말 120%의 힘을 쏟아붓는 게 가능할까.

리더에게는 다음 세대에 바통을 넘기는 것도 중요한 일이다. 내가 그 바통을 이어받은 2012년 무렵에 비해 상황은 크게 달라졌다. 턴어라운드가 거의 완결됐고 소니는 확실히 성장 단계로 움직이기 시작했다.

그렇다 해도, 경영 개혁에는 끝이 없다. 내가 이런저런 이유를 내세워 자리를 지키면, 아무도 말릴 수 없게 된다. 그것은 다음 사람이 리더가 될 수 있는 기회의 싹을 잘라 버리는 일이다. 해서는 안 되는 일이다. 소니에는 나보다 사장감이라고 할 만한 우수한 사람이 많다. 다음을 준비하고 있는 그들에게서 기회를 빼앗는 일은 없어야 한다.

'위기 모드'의 리더

—

좀 더 개인적인 이유를 말하면, 턴어라운드가 일단락되고 실적도 눈에 띄게 회복되자, 다시 '그 감각'에 빠져들고 말았기 때문이다.

오토 파일럿 상태다.

생각해 보면 이게 세 번째다. SCEA, SCE 그리고 소니. 조직의 크기도, 안고 있던 과제도, 해야 할 일도 완전히 달랐지만 나는 회사원 인생에 걸쳐 세 번의 턴어라운드를 맡았다. 이 책에서도 썼듯이 다행히 훌륭한 동료들을 만나 모두 성과를 낼 수 있었다고 생각한다.

그리고 그때마다 느낀 것이, 내가 조금 조종간을 놓아도 자율적으로 움직이는 조직에 대한, 뭐라고 말하기 어려운 감정이었다. 물론 불만인 것은 아니다. 조직으로는 오히려 옳은 형태일 수도 있다. 하지만 매우 개인적인 소견이지만, 그렇게 되어 버리면 마음이 불타는 듯한 감각이 없어진다.

그렇게 되면 리더로서 실격이다. 그런 리더가 눌러앉아서야 되겠는가.

사실 세 번째가 되는 그때, 그걸 깨달았다. 언제였던가. CEO실의 팀원들과 한잔하고 있다가 스태프 중 한 명에게서 정곡을 찔리는 말을 들었다.

"히라이 씨는 위기가 오면 스스로 불 속에 뛰어들려고 하는데, 평시가 되면 남에게 맡기는 걸 좋아하시는 것 같습니다."

뜨끔했는데 맞는 말일지도 모른다는 생각이 들었다. 다시 생각해 보면, 나는 위기 모드여야만 가슴속에 불이 붙는 타입인지도 모른다. 턴어라운드 때야말로 힘을 발휘할 수 있는 타입인 것이다.

하지만 성장 모드에 들어간 회사를 드라이브하는 일이라

면 어떨까. 그런대로 경영해 나갈 자신은 있다. 하지만 나는 나의 능력과 성격을 객관적으로 보려고 하는 타입이다. 조직을 나보다 훨씬 잘 이끌 수 있는 사람은 한둘이 아니다. 사실 소니는 그런 우수한 사람들이 모여 있는 곳이기도 하다.

소니의 성장 전략을 그리고 실행하는 이 다음 스테이지의 일을 담당해야 할 사람은 내가 아니다. 그런 생각이 들었다. 앞에서도 한 말이지만, 소니 사장의 결단은 몇십만 명, 몇백만 명되는 사람들의 인생을 좌우할 수도 있다. 리더인 나 자신이 그렇게 인식하고 있다면 나 자신이 소니를 떠나는 결단을 내려야 한다고 생각했다.

아내인 리코에게 털어놓았더니 "당신이 결정했으면 그걸로 된 거 아니냐"는 반응이었다. 아내 역시 내가 한 번 마음먹으면 바꾸지 않을 거라는 걸 알고 있었다.

소니는 새로운 시대로

—

그리고 다행히 내게는 성장 모드로 접어든 소니의 지휘를 맡기기에 안성맞춤인 인물이 있었다. 지금까지 단짝 파트너로 이 인삼각 경주를 달려 준 요시다 켄이치로 씨다.

요시다 씨가 경영자로서 우수한 사람인 것은 말할 것도 없고, 나와는 완전히 다른 유형의 사람이기에 회사에 좋을 것이라고 생각했다. 재무에 밝고 분석 능력이 뛰어난 그가 사장 겸 CEO가 된다면 나와는 또 다른 형태로 회사를 이끌어 줄 것이다.

그러면 사원들에게도 전해질 것이다. "이 회사는 지금부터 또 변화해 가겠구나." 어떤 의미에서 조직에 자극이나 위기감을 줄 수 있다. 이 점은 대기업 총수 교체에서 중요한 요소라고 생각한다. 물론 요시다 씨에게도 직접 전했다.

"히라이 노선을 부정해도 상관없다. 나는 일절 간섭하지 않을 테니까." 그렇게 하지 않으면 조직이 활성화되지 않는다. 애당초 나와는 다른 '이견'을 듣기 위해서 요시다 씨를 나의 매니지먼트 팀에 참여시켰고, 사장으로서 그가 할 일은 내가 한 일과 당연히 다를 것이다.

이렇게 해서 나는 2018년 4월에 소니 사장 겸 CEO 바통을 요시다 씨에게 물려주었다. 간섭하지 않겠다는 생각으로, 처음에는 회장에도 취임하지 않겠다고 알렸다. 그러나, 요시다 씨의 부탁이 있어서 일 년간만 회장을 맡게 되었다. 그 후에는 지금의 시니어 어드바이저 직함을 받았다.

약속대로 나는 요시다 씨가 하는 일에 일절 참견하지 않았다. 애초에 회장이 되어 참견할 바에야 사장을 계속하면 그만이다. 요시다 씨와는 합의가 되어 있었지만, 사내외에 분명히 알리기 위해서는 회장직에서도 하루빨리 퇴임하는 것이 좋겠다고 생각했다.

아직 50대에 회장을 퇴임하고 시니어 어드바이저가 된 탓에 "깨끗한 퇴임이네요"라는 말을 자주 듣는다. 하지만 깨끗한 것을 보여 주기 위해서가 아니라 "소니의 리더는 요시다 씨 한 사람"이라는 것을 사내외에 표명하기 위해서, 덧붙이자면 "소니는 요시다 씨 지휘하에 한층 더 성장을 가속시켜 가야 한다"라는 것을 나타내기 위해서였다.

다행히도 실제로 그렇게 됐다고 생각한다. 요시다 씨의 리더십 아래 소니는 '창의성과 테크놀로지의 힘으로 세계를 감동으로 채운다'라는 목표(존재의의)를 내걸고, 2021년 4월 사명을 '소니그룹'으로 변경하면서 새로운 첫발을 내디뎠다.

이제 내가 여기서 할 일은 없다. 이렇게 나는 소니를 '졸업'했다.

앞으로의 꿈
—

나는 회사를 위해서가 아니라 먹고살기 위해서 일했다. 어디까

EPILOGUE 졸업

273

지나 나의 인생과 가족을 위한 것이었다. 그래서 소니를 졸업한 후에는 회사 근처에 가는 일도 거의 없었다. 시니어 어드바이저이기 때문에 가끔 출근해야 할 때도 있지만 그것도 한 달에 한 번 있을까 말까 하는 정도다.

졸업하고 나서 얼마 동안은, 충전 기간을 보냈다. 일주일에 두 번은 꼭 웨이트 트레이닝을 하거나 수영을 했다. 아내인 리코와 함께 보낸 시간이 적었기 때문에, 코로나가 퍼지기 전에는 함께 여행을 다녀오기도 했다.

비즈니스 세계에서는 손을 뗄 생각이다. 앞으로도 돌아가지 않을 것이다. 내게는 새로운 목표가 생겼기 때문이다. 불우 아동의 빈곤과 교육 격차를 해소하기 위해 내 나름대로 뭔가 기여할 수 없을까 궁리 중이다. 현재 일본 아동의 빈곤율은 13.5%, 특히 한부모 가정에서는 48.1%로 심각한 수준이다. 코로나로 인해 더 악화될 것이라는 예측도 있다.

단지 기부를 하는 것이 아니라, 마침 비즈니스 세계에서 단련을 받았으니까, 아이들에게 돈이 도는 구조를 만들 수 있지 않을까 궁리하고 있다.

꽤 진척된 아이디어도 있다.

예를 들면 자선 활동이다. 스파이더맨 영화의 군중 장면에 엑스트라로 나올 수 있는 출연권을 경매에 부쳐 보면 어떨까.

소니뮤직 아티스트의 라이브 공연 후에 백 스테이지에서 기념 촬영할 수 있는 권리를 경매하는 것도 좋을 수 있겠다. 그 수익은 불우 아동의 빈곤 및 교육 격차 해소를 위해 쓴다.

여기에는 모델이 있다. 오스트레일리아에 있는 소니그룹의 각 사가 주로 젊은이를 대상으로 하는 사회 공헌 활동에 힘을 쓰고 있다. 젊은 층 암환자 케어에 특화된 시설을 개설한 실적도 있다. 그것을 보고 '이런 식으로도 할 수 있구나'하고 감탄했다. 기부에 의존하는 것이 아니라 돈이 돌아가는 구조를 만들고 있는 것이다. 물론 비영리 활동이다.

비즈니스 세계에서는 은퇴했지만 인생은 계속된다. 하고 싶은 일은 아직도 넘쳐 난다. 멈춰 설 생각은 없다.

책을 끝내며

본서를 집필한 목적은 두 가지입니다. 하나는, '책을 시작하며'에서도 말했지만, 소니의 재건에 관해 사람들의 질문에 답하기 위해서고 또 하나는 제가 앞으로 싸워 가려고 하는 아동 빈곤과 교육 격차 문제에 관심을 가져 주시길 바라는 마음에서입니다.

에필로그에서도 언급했습니다만, 일본 아동들은 매우 어려운 상황에 처해 있습니다. 빈곤율 13.5%는 7명 중 한 명이 빈곤 상태에 있고, 35명의 학급에서는 5명이 지원이 필요한 상황이라는 뜻입니다. 한부모 가정의 경우에는 더 심각합니다.

빈곤은 학력이나 최종 학력의 차이라고 하는 교육 격차를 낳을 뿐만 아니라 열심히 공부했다, 방학에 가족과 함께 여행을 갔다 등 어린 시절에 가질 수 있는 귀중한 경험을 쌓을 수 없게 만듭니다. 그것은 아이들에게서 다양한 미래를 마음에 그리는 상상력을 빼앗고, 삶의 선택의 폭을 좁히는 것으로 이어집니다.

이러한 격차는 다음 세대로 연결됩니다. 지금 여기서 이 문제를 방치하면 일본에 미래는 없다고 해도 과언이 아닐 것입니다.

이 책에서도 말했듯이, 나는 눈앞에 있는 과제가 클수록 의욕이 나는 타입입니다. 지금까지의 커리어에서 얻은 지혜와 노하우를 살려 조금이라도 격차 해소에 도움이 되고 싶다고, 새로운 투지를 불태우고 있습니다.

나는 이 일을 추진하기 위해서 '일반 사단법인 프로젝트 희망'을 시작했습니다. 프로젝트에는 '투영한다'라고 하는 의미도 있어, 미래에 희망을 비추어 가고 싶다는 의도도 담고 있습니다.

본격적인 활동은 아직 지금부터입니다만, 이 책을 포함해서 나의 모든 사외 활동에서 나오는 보수는 이 사단을 통해 아동의 빈곤과 교육 격차 해소를 위해 일하는 단체에 기부됩니다. 그러니까 이 책을 구입한 독자 여러분은 간접적으로 저의 활동에 공헌해 주신 것입니다. 여러분의 공헌에 진심으로 감사드립니다.

이 책의 간행에는 많은 분들의 도움이 있었습니다. 책의 구성에서 집필까지 시종 조언을 해 준 일본경제신문사의 스기모토 다카시 편집위원, 닛케이BP의 아카기 유스케 씨. 소니그룹 홍보부의 팀원들은 사내외의 여러가지 일정 조정을 도와주었습니다.

말할 것도 없이, 제가 소니의 턴어라운드를 해낼 수 있었던 것은 많은 분들의 지원이 있었기 때문입니다. 진심으로 감사합니다. 플레이스테이션 시절에 신세를 졌던 마루야마 시게오 씨, 구타라기 켄 씨, 사토 아키라 씨. 소니를 함께 이끌어 준 요시다 겐이치로 씨, 도토키 히로키 씨와 매니지먼트 팀(팀 히라이) 여러분. 그것을 실행해 준 소니그룹의 모든 사원 여러분. 옆에서 나를 지지해 준 CEO실장 이토 야스히로 씨와 CEO실 스태프, 그리고 역대 비서 여러분.

그리고 또 한 사람, 아내인 리코. 당신의 많은 도움 덕분에 나는 지금까지 전력을 다해 업무에 임할 수 있었습니다. 아무리 감사해도 다 감사할 수가 없어요. 정말 고마워.

소니 턴어라운드

초판 1쇄 발행일 2022년 6월 23일
초판 2쇄 발행일 2022년 9월 20일

지은이 히라이 가즈오
옮긴이 박상준

발행인 윤호권
사업총괄 정유한

편집 신수엽 **디자인** 양혜민 **마케팅** 명인수
발행처 ㈜시공사 **주소** 서울시 성동구 상원1길 22, 6-8층(우편번호 04779)
대표전화 02-3486-6877 **팩스(주문)** 02-585-1755
홈페이지 www.sigongsa.com / www.sigongjunior.com

글 ⓒ 히라이 가즈오, 2022

ISBN 979-11-6579-999-1 03320